ちくま学芸文庫

考古学はどんな学問か

鈴木公雄

筑摩書房

目次

考古学はどんな学問か

本書は東京大学出版会から二〇〇五年六月に刊行された『考古学はどんな学問か』を文庫化したものである。

I　考古学はどんな学問か

考古学はどんな学問か——その現状と未来

一　考古学の考えかた

女子大学のトイレ

以前に約一〇年間ぐらい、ある女子大の非常勤講師をしていたことがある。そこの講師室のとなりに講師用のトイレがあったが、ここではじめて用をたしたとき、このトイレは何か変だなと思った。というのは、男性用の小用のためのトイレが壁にポッンと一つあり、あとはいわゆる大用のものが四つもあるばかりでなく、小用のトイレによくある両側の間仕切り板もなかったからである。

何となくまわりから無防備な感じでトイレを使うことにもようやく慣れてきたある日、ついに事件が起こった。私が用をたしているとき、背後のドアがバタンと開いて、何と女性がお出ましになったのである。イカンともしがたい私は、ただただ前をにらんで立ちつくすのみだったが、女性が出ていったあと、あわててトイレの標示をもう一度確かめたのはいうまでもない。幸いに、私が女性用トイレに侵入していたのではないことはわかったが、同時に、ここは男女共用のトイレであることもはっきりした。

この事件以後、このトイレの特殊な構造が私にははっきりと理解できるようになった。つまり、このトイレは本来は女性用に設計されたものにちがいない、ということである。設計当時には、女性の講師が大部分で男性についての設備を考える必要はなかったのだろう。ところがその後になって、男性の講師も出講するようになったため、応急の処置として壁ぎわに男性小用のトイレ一カ所を追加した。ところが、そこは本来窓があいている所で、私が用をたすと、狭い通りを通学して来る女子学生がよく見える。こちらから見えるということは、向こうからも見えるということで、目などが合ってしまうと大変ぐあいが悪い。本来トイレをつけるべき位置でない所を改造したから、こんな不都合も生じるのである。男性小用のトイレが裸のままポツンと一つだけとりつけられていたのは、トイレの利用者のほとんどが女性であるというこの大学の性格を端的に示すものにほかならなかったのである。

これ以来、私は建物の中にあるトイレの種類とそれらの配置に興味を持つようになった。小学校のトイレは、子供用のかわいいのがズラーとならび、はじっこに先生用の大きなのがデンと一つおかれているという、特有の配置があることがわかった。入ったことがないから確かなことはいえないが、女子トイレの場合もほぼ似たような構成になっているのだろう。最近では自治体の公共建造物などには身体障害者用の設備がそなえつけられるようになってきている。このように、ある建物のトイレの種類と配置を調べれば、その建物が主として男性に利用されていたのか女性に利用されていたのかといったことや、ある特定の年齢の人々（主として子供）が利用していたのかといった、利用者の性別・年齢差などを知ることができる。そしてこれは、その建物が何のために作られていたのかを知る重要な手がかりとなる。

なぜこんな話からはじめたかというと、以上のような考え方が実は考古学的なものの見方にほかならないからである。つまり、考古学は、文字による記録からではなく、人間が作り、利用してきたさまざまな「もの」の特徴やあり方を通して、人々の生活のありさまや考え方などを知り、それらを歴史として組み立てていこうとするのである。

三菱重工爆破事件

文字のない時代ならばともかく、現代では何もいちいちトイレをうろつかなくても、校門の看板を見れば女子大か小学校かの区別はたやすくつくではないか、という向きもあるだろう。確かにその通りにはちがいない。しかし、そこにはいつでも「文字による情報が期待できる」という前提のあることをわすれてはならない。もしそれがなかったらどうするか、はっきりいって「もの」によって知る以外ないのである。

三菱重工本社ビルの前で時限爆弾が破裂し、多数の人々がなくなった事件（一九七四年）で、犯人グループを追及するためにとられた手段の一つは、爆発によって道路に飛びちったさまざまな破片をたんねんに残らず拾い集めるという作業だった。爆発中心からの距離や、道路、街路樹等の配置を考えに入れ、いくつかの区分を設けて破片は集められたのであろう。これらはポリエチレンの袋に入れられ、全体としてはトラック何台分かに及んだと聞いている。

次の作業は、この山のような大量の破片をいちいち仕分けして、どんな破片がどのくらいあり、その中から爆発物に関係するとみられるものの破片をみつけ出すというこまかな根気のいる仕事であった。この破片は爆発物をしこんでおいた容器の破片なのか、道路によくみかける金属製のごみ箱の破片なのか、それとも駐車していた自動車やオートバイの部品なのかを確かめつつ、爆発物はどんな容器に入れられ、どんな装置を用いて爆発されたのかといった、いわば犯行の手口が復元されることになる。この結果、爆発物はペール缶という特殊な容器に収められていたことが明らかとなったのである。おそらくその缶の破片から爆発物の反応があったことと、そのような特殊な缶が、丸の内のビジネス街の道路にはめったにありえない、ということによって、爆発物の容器だと断定されたのだろう。

この捜査の根本には、犯行に用いられた道具類は、たとえ粉々になったとしても完全に失われてしまうものではなく、それらの一部は手だてさえつくせば必ず発見できるという考え方が横たわっている。つまり、人間はいろいろなことをするさいに、多くの場合、その行為の結果としての物的証拠を残すのであって、それら物的証拠は、いかにそれを消滅させようとしてもすべてを消し去ることは不可能なのである。そしてここに、物的証拠にもとづく、人間の行為の復元が可能となるのである。考古学もまた、これと全く同じ考え方に立って、過去の人類の残した物的証拠＝「もの」の中から、過去の人類の行為を復元しようとしているのである。ちがうところは、集められる物的証拠が何千年という年代の中で地中深くうずもれてしまい、発掘という作業が必要となる点ぐらいである。

私の大学で考古学を学んでいた学生の一人が火災保険会社に就職した。火事が発生し、焼け跡の見取り図を作り、どこにタンスがあり、本棚はどこにあったかという間取りの復元を行なったところ、これが大変うまくできたといって上司にほめられたという。彼に言わせれば、学生時代に住居址を発掘し、出土する遺物や柱穴を記録するのと同じようにやったにすぎなかった。火災にあった住居からは、当時の生活に用いられた道具などがそのままの状態で発見されることが多い。これは、住居内の間仕切りや仕事場などの区分といった、当時の生活を復元するさいの貴重な考古学上の手がかりとなるのである。

二　考古学の資料

物的証拠としての遺跡・遺物

人類は生存を図るために自然の中の資源をさまざまに利用しなければならない。食料の獲得や居住地の確保は、その第一歩である。そのために人類はいろいろな道具を作り出し、自然の資源の採取を効果的に行なえるように工夫したり、それらを利用して新しい道具や設備を考案した。これらがいわゆる遺跡・遺物と呼ばれる考古学の基本資料となるものである。遺跡や遺物の多くは今日では長い年月にわたり地中に埋もれているものが多く、幸い発掘などによって発見できたとしても大部分は腐蝕したり破片になっている。遺跡から発見される土器の破片をつなぎあわせ、本来の形を復元したり、平面図に示された柱穴から住居の形態を復元し、さらには当時の集落の構成を考えたりしていくことが必要となる。このためにはまずその基本となる考古学資料をしっかりと確保することがたいせつで、発掘における記録と遺物の採集が重要だといわれるのもそのためである。こうして、考古学者は、遺跡・遺物という過去の人間活動を示す痕跡を入手し、それらを、ちょうどジグソーパズルのように結びつけながら、過去の人類の生活・歴史を再構成していく。有名なイギリスの考古学者V・G・チャイルドは、こうした考古学の歴史復元の方法を、piecing together the past つまり過去を継ぎあわせるといっている。

しかしながら、人間の過去の行為が全て遺跡・遺物というはっきりした形で残されているかというと、そうではない。たとえば、植物や皮革などのような腐蝕しやすい材質で作られたものは、今日まで残存することはきわめて少ない。われわれの現在の身のまわりにあるものを見まわしてみても、このことはすぐわかるだろう。だから、考古学の資料というものは、過去の人類の残した物的証拠の中で、かろうじて今日まで残存することのできたものだといえる。また、当時の社会の構成とか、ものの考え方のように、物的証拠からただちに明らかにできない問題も少なくない。

自然の中の人類の足跡

遺跡・遺物だけが過去の人類の活動を示す物的証拠なのだときめてしまえば、考古学による歴史の復元はどうしても部分的なものと考えがちになる。しかし、視点を変えれば、遺跡・遺物のほかにも過去の人類の活動を示す証拠は数多く存在することがわかる。たとえば、弥生時代や古墳時代の遺跡の一つに水田址がある。発掘されたところがたしかに水田のあとだということを証明するには、木の板をつらねて水田を区画する矢板や畦畔《あぜ》、水量をコントロールするための水路などの遺構が確認される必要がある。しかし、もしそれらの考古学的遺構がたしかめられなかったらどうするか、その時には、水田址とみられる場所の土壌を採取して分析する。そしてこの土壌の中に、水田に特有の雑草の種子、イネにつく害虫の破片、あるいはイネ自身に含まれているプラント・オパールと呼ばれる植物珪酸体などが発見されれば、そこが水田のあとだったことが十分に考えられる。水田雑草というのは、ホタルイ、コナギ、オモダカなどの雑草で、これらは水田という人工的な環境ができて、はじめてイネにまつわる形で生育するようになった雑草のことである。したがって、これらの雑草は水田の存在なくしてはなりたたないのである。イネにつく害虫も同じことで、日本では弥生時代〜古墳時代の水田址から、イネノクロカメムシという害虫の破片が検出されている。これは臭い匂いをはなつカメムシ科の一種で、別名国崩しなどとも呼ばれていた。アッサム地方から中国南部・朝鮮半島南端・日本に分布しており、農薬が普及する以前ではかなりの被害が出たこともあるおそろしい害虫である。おそらくイ

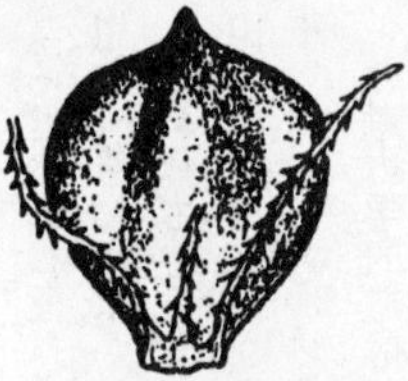

図1-1　水田雑草の一種ホタルイ

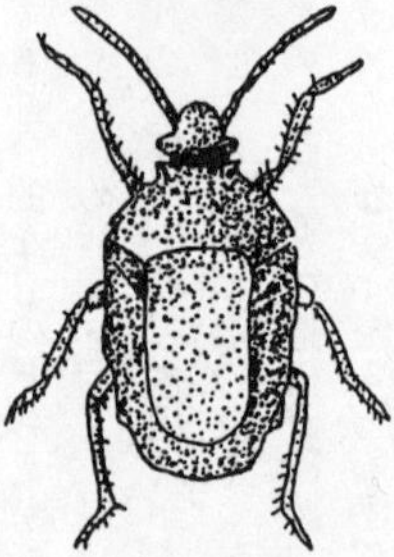

図1-2　イネにつくイネノクロカメムシ

ネの渡来とともに日本にうつり住むようになったとみられているが、この虫は、一年中水のあるような湿田では越冬できず、水のコントロールができる乾田や半乾田でないと生育できないといわれていることから、水田経営技術の水準を推定する重要な指標にもなりうると考えられている。これら水田雑草や害虫は、人間が水田という新しい環境を用意したことによってそこに住みつくようになったもので、いわば人間による自然の改造の結果を示す証拠といえる。

ヨーロッパでは初期農耕民が森林をきりひらいて開墾を行なっていったが、これは土層中に含まれるカタツムリの種類の変化や、花粉によって証明されている。森林が繁っていた時には日の当たらない場所に好んで棲息するカタツムリや植物が生育しているが、森林が開かれると、日当たりの良い場所に住む別のカタツムリや植物がとってかわるようになる。遺跡の近くの土壌を採取し、そこに含まれているカタツムリや花粉の種類の変化をあとづけることから、森林開発という人類の自然改変を知ることができる。

考古学資料の範囲

過去の人類が作り出した遺跡・遺物という視点だけでなく、過去の人類が自然環境に働きかけた結果、自然の中に生じた変化の痕跡ということまで視野を広げるならば、過去の人類の活動を示す証拠は実に豊かなものとなる。これは人類が自然の中に刻《しる》した足あとともいえるもので、その足どりをたどることから、人類と自然との間にうちたてられた長い歴史を再構成することができる。三菱重工の爆発現場から、犯行に関係ありそうな物的証拠をしらみつぶしに集めていくのと同じように、今日の考古学は人類の過去の活動が復元できると考えられる物的証拠を、自然の中から広く拾い出し、そこに封じこめられていた人類の活動に関する情報を引き出そうとするのである。その意味で、考古学の資料とは何か、といえば、「過去の人類の活動が引き出しうると考えられるすべての物的証拠」というべきであり、あらかじめ一定の範囲などは定められないし、また定めるべきものでもない。重要なことは、過去の人類の活動が、どのような物的証拠として存在しうるのかを見ぬくことと、そこからどうしたら人類の活動に関する重要な情報を引き出せるかを考えることにある。

三　考古学の広がり

歴史の空白

文字による歴史の記録は雄弁ではあるが欠落した部分も多いということは、すでに柳田国男が鋭く指摘したところであった。柳田はこの歴史の空白をうめるものとしての民俗学の役割を強調したのだが、この考え方はそのまま考古学にもあてはまる。たとえば、日本古代史の研究において、都城・寺院・官衙《かんが》などの発掘成果や、古墳の調査から得られる知識を差し引いてしまったらどうなるかを考えてみればよくわかるだろう。古代東北における軍事・政治上の中心として西の大宰府とならぶ特別行政府がおかれていた多賀城には、中央の都城にみられるような大きな瓦ぶきの建物が建てられていたが、同じ城内に駐屯していた兵士は、縄文時代以来の竪穴住居に寝泊りしていた。多賀城についての記録はいくつかあるが、このようなことは発掘調査によってはじめてわかることである。

こうした点はより新しい時代になってもいえることである。数年前に私は港区内にある江戸時代大名墓の調査を行なったことがある。江戸時代の大名墓については、増上寺にある徳川将軍家の墓、松島の瑞巌寺にある伊達家の墓、岡山池田家の墓等が調査されているくらいで詳しいことはあまりわかっていない。港区済海寺の長岡藩牧野家墓所の調査によって、棺の大きさ、石室の作り方、墓誌銘の文案など、大名家の墓所の造作にはきわめて一貫した規格のあることがわかった。これは大名の格式の反映ともいうべきもので、おそらく代々厳格に守られていたものと思われる。しかしながら今日伝わっている大名家の記録類の中には、この点についての記録が全くみられない。この点は将軍家についても全く同じで、葬儀の次第等についてはある程度の記録があるものの、埋葬ないし墓所の造作等についての根本的な考え方を示す記録はみあたらないのであって、こうした点についてはやはり発掘調査によって明らかとなる考古学的事実が重要な意味を持つことになる。

写真１　防衛食の容器（郵政省飯倉分館構内遺跡出土。港区教育委員会蔵。写真提供：慶應義塾大学民族学考古学研究室）

防衛食の容器

もっとも現在に近い事例としては、私が以前調査した港区内の一遺跡からの出土品がある。これは高さ九・五センチ、直径八・二センチの円筒形の焼きもので、おそらく蓋がついていたとみられるが、胴の部分に青緑色の文字で「防衛食　大日本防空食糧株式会社社長小澤専七郎謹製」と書かれている。おそらく、この容器の中に乾パンや粉末味噌（当世風にいえばビスケットとインスタント味噌汁）などの非常食を入れ、空襲にそなえて掘った防空壕の中にたくわえておいたのだろう。こういう非常食を食べたことのある人から話をきこうと、いろいろな人に尋ねたが、その存在すら知らない人が大部分だった。東京大空襲についての記録は、さまざまな人々の協力の下に集められ、そのありさまがよくわかるようになっていると聞いているが、そこにも「防衛食」についての記録はあまりないのではないかと思う。戦後四〇年ぶりに日の目をみたこの小さな「防衛食」の容器は、半世紀にもならない過去の歴史の空白をうめる貴重な資料であるとともに、これから将来、われわれが「核シェルター食」などと書かれている似たような非常食を買いこむような事態をまねかないようにするためにも、わすれてはならない遺産として保存していくべきである。

考古学と自然科学

今日の考古学があつかう範囲は以上からもわかるように、時間・空間の両面にわたって幅広くなっており、また、扱う資料も遺跡・遺物に限らず、実に多方面にわたっている。このような幅広い考古学の活動を可能とした一つの理由は、考古学に対する自然科学の応用がある。考古学はもともと博物学という自然科学のもととなる学問から分岐してきたという経過があるだけに、自然科学との結びつきは他の人文系の学問にくらべ強かった。たとえば、考古学の研究法である編年学・型式学などは、地質学・生物学などからの影響を指摘することができる。最近での考古学と自然科学との結びつきは実に多彩である。たとえば、遺跡から発見される黒曜石の石器を分析することから、年代が判明するのみならず、その産出地を明らかにし、当時の物資の交換のありさまを知ることもできる。その結果、西北九州腰岳の黒曜石が韓国の釜山近くの貝塚にもたらされていることがわかった。古代の水田址の発掘には、農学者、植物学者、昆虫学者、土壌の専門家、花粉学者などが考古学者に協力して分析を行ない、古代農業の技術体系をさまざまな角度から明らかにしようとしている。縄文時代の貝塚の調査では、動物学者、魚類学者、貝類学者などが参加して、出土した動物・魚・貝類の遺体を分析し、とらえられた魚などの種類、大きさ、年齢などを明らかにしたり、それらがとらえられた季節を骨・歯・魚鱗・貝などに残されている成長線の分析を通じて明らかにしようとしている。また、鉱物学・岩石学などの助けをかりて、土器の中に含まれている鉱物組成を分析し、土器の産地、交換の実態などを知ろうとする試みもなされている。

保存科学の発達

自然科学の寄与は考古学資料の分析のみならず、その保存、保護にも大いに活躍している。エジプトのアスワン＝ハイ＝ダムにより水没の危機にさらされたアブ・シンベルの神殿は、ユネスコの指導のもとで解体され、別の高所に移築保存された。日本でも、東大寺の屋根瓦のふきかえや桂離宮の解体修理にみられるように、有名な寺社などの建造物、彫刻、絵画などの文化財については、さまざまな保存・修理の手が加えられている。これらのうちには、従来からの伝統的な技術が用いられていることも少なくないが、プラスチックをはじめ、さまざまな新技術も投入されている。また、補修に先立って、その文化財をいためずに、破損の度合いや場所などを調べる、いわゆる非破壊探査の技術なども近年著しく発達してきた。これらの技術は、有名な埼玉県・稲荷山古墳出土のワカタケル銘の鉄剣にも応用されている。飛鳥の一古墳の内部を内視鏡を改良して探査し、高松塚古墳に類した玄武の壁画のあることがたしかめられたのをおぼえている人も少なくないだろう。考古学と自然科学の協同作業によって、考古学研究の視野は急速に拡大されてきている。これは考古学の新しい発展を約束するものにはちがいないが、忘れてはならないのは、こうして知り得た新しい成果にもとづいて、どのような歴史をわれわれは描こうとするのかという点である。

四　考古学と現代

人間と環境のかかわり

自然科学と考古学が協同して作りあげてきた重要な成果の一つは、自然環境と人間の活動との間の長期にわたる一貫した結びつきを明らかにしたことである。人類は自然の中の一つの要素としての存在から、自らの技術・文化を育てることにより、自然を開発・利用するようになっていく。さらには自然の資源を利用するだけでなく、動物を飼育し、種子をまいて植物を育てながら、自然の生産そのものをコントロールしはじめた。ここに人類による積極的な自然の改変、今日ふうの言い方をすれば、人類による生態系の均衡を意図的に破壊しようとする第一歩がはじまった。これは農業・鉱・工業の発達とともに加速度を増し、やがては大規模な人工的環境としての都市が根をはるようになる。この過程は、かつて人類の進歩というかたちで理解されてきた歴史の道のりである。この道のりは「進歩」としてとらえられるに足る内容を持っていることはたしかだが、同時に自然環境の破壊という大きなツケを伴っていたことも事実である。進歩がすべてをバラ色に見せているときには、ツケの持つ恐ろしさは気づかれないままますぎてきた。しかし、大気・海洋・河川などの汚染が進み、カビくさい水道の水を飲んだり、背骨の変形した魚がとれるようになったりすると、今までのやり方を無条件で認めるわけにはいかなくなる。だからといって、今日のわれわれは、明日から自動車のハンドルをにぎるのをやめにするとか、クーラーのきいた部屋でナイターを見ながら冷えたビールを飲むのをやめようとしてもできるわけではない。やめるにしてもそれらはあまりにわれわれの日常の一部になりすぎているからである。現在のところ、このような問題に対する即効薬は存在しない。しかし、一見遠まわりに見えるようだが有効な対応の一つは、人類の歴史を人間と自然環境との均衡の歴史として見なおすことである。そのような歴史を提供するには、考古学と自然科学との協力が重要な役割をはたすにちがいない。

ナショナリズムと考古学

南アフリカ、モザンビークのとなりにジンバブエという国がある。もとはローデシアと呼ばれていた地域で、一九八〇年に独立した若い国だが、その国名が考古学の遺跡名に由来していることを知っている人は少ないだろう。ローデシアの南部の花崗岩地帯にある城壁をめぐらした城砦都市の遺跡がそれで、考古学的調査によると紀元一〇世紀以降に建造されたことがわかる。かつては、アフリカの南部にこのような文明が独自に発達したはずがないという先入観から、フェニキア人によって造られたものだと考えられたこともあった。国家の独立にさいして、この遺跡が、その統合のシンボルと考えられ、ひいては国名として採用されることになったのだろう。この例からわかるように、考古学上の遺跡や遺物が、特定の国家や民族の同一性《アイデンティティー》を示すものと考えられたり、民族意識を強化するさいの有力な材料としてあつかわれたりすることは少なくない。かつて映画『日曜はダメよ』で主演女優賞にノミネートされたギリシア文化相メリナ・メルクーリが、イギリス政府に対してエルギン公が持ち去ったアテネのパルテノン神殿の破風彫刻像の返還運動をおこしたのも、国民的文化財に対する帰属意識と無関係ではなかったと思われる。メキシコでは、アステカやマヤの文明は民族の遺産としてのみならず、国民の歴史意識を育成する重要な資産として、国家的見地から保護がくわえられている。それぞれの民族や国家の歴史を、考古学資料にもとづいて復元し、自己の集団の歴史と文化を正当に評価することは重要である。この点は日本においてもあてはまることで、戦前の国民教育における考古学資料の不当な扱いが、どんな結果を生んだかを思いうかべればよくわかるはずである。

しかし、こうした一民族、一国家という意識がつよくなりすぎると、自己中心的な排他的歴史観もでてくることに注意しなくてはならない。かつてドイツの考古学者は、考古学の遺跡から発見されるある特定の遺物の組み合わせが、ゲルマン民族の存在を考古学的に示すものだと考えた。このこと自体は考古学的遺物の分布から特定の民族的集団の分布を復元しようとする研究として、十分学問的に意味のあることだった。しかし、やがてこれが、それら考古学上の遺物を出土する地域は、かつてゲルマン民族が居住していたところだとする根拠と考えられるようになり、結果としてナチス・ドイツの侵略を正当化するために用いられるようにもなっていった。こうした学問上の成果が、政治の世界に利用され、思わざる結果を生むことはしばしばあるし、気をつけなければならない。

この点は日本も例外ではない。一九一〇年に日本は日韓併合を強行し、朝鮮を植民地とした。これは近代史における一事件として有名だが、当時日本の歴史学界において、日韓同源論ないし日鮮同祖論という議論があったことはあまり知られていない。これは要するに日本と朝鮮との間に、言語・宗教・神話・習俗といった点できわめて共通性のあることを指摘し、その共通性は両者の歴史的同一性に由来することを説いたうえで、現実に進行した日韓併合を、別々のものを併せたのではなく、元来同一だったものが、別々になってしまったのを、もとにもどしたにすぎない、と説明し、日韓併合を正当化しようとしたものである。この当時、日本の考古学はいまだ十分には発達していなかったので、こうした議論に考古学上の事実を提供できなかったのは幸いだったが、弥生文化の研究がもう少し早くから進んでいれば、半島から北九州に分布する支石墓などは、その有力な証拠の一つにあげられたにちがいない。

歴史像を求めて

「パパ、歴史は何の役に立つの、さあ、僕に説明してちょうだい」。これは一九四四年、レジスタンス運動のかどでドイツ軍に銃殺されたフランスの歴史家マルク・ブロックの書いた『歴史のための弁明』の冒頭の一文である（讃井鉄男訳より引用）。過去を知ることが、現在に生きる人々にとっていかなる意味を持つのかということは、歴史が成立してこのかた問いつづけられてきた。人類の歴史を物的証拠にもとづいて再構成する考古学も、この問いから逃れられない。さまざまな答え方があるだろうが、私自身ならこの子に、「人間はあまり長いあいだ地球上でいろんなことをしてきたので、何がどうなったかはっきりわけがわからなくなっちゃった。そこで、自分自身の足あとをもう一度掘り返してたしかめようとしはじめた。そうしないと、先に進んでもころぶんじゃないかって、心配なのさ」と答えるだろう。

無文字史学と文字史学

一

人間が文字という記号を考案し、自己の考えや周囲の出来ごとを記録しはじめたのは人間の歴史全体の中でみると比較的最近のことに属する。文字の発明に至る以前に、人間は万のオーダーで数えられる長い歴史の過程を経過してきているのだが、その間のさまざまの出来ごとは、文字発明以降の人間の歴史の持つ華やかな色どりによってか、あまりわれわれの注目を引かないことが多い。

歴史はシュメールに始まる、という有名なことばにもあるように、シュメール人によってはじめて文字が用いられるようになって以来、それ以前の無文字の段階とくらべどれほど豊かな人間に関する情報をわれわれが入手できるようになったかは計り知れないものがある。暗いトンネルを抜けて輝く草原に歩を進めるときのように、文字は過去の人間の思想や行動についての豊かな情報をわれわれにもたらすことは、世界のいずれの古代文明の場合についてみても明らかなことである。それ故、人間の歴史において、文字発明以降を歴史時代、文字発明以前の段階を広く先史時代として区分する考えかたも、あながち理由のないことではない。

こうした文字使用の有無によって人間の歴史を二大別する方法は近世ヨーロッパにおいて確立し、一方は歴史学として発達し、他方は先史学、考古学、人類学の領域として各々別々に固有の学問を発達させていったのであり、この二つの時代を研究する学問は、今日においては一見すると全く異なった学問体系を作りあげているようにみられるほどである。しかし考えてみるに、全体として本来一本のものであった人間の歴史を、文字のあるなしという点で二つに区分してしまうという方法は、はたして歴史を研究するといううえからみて良い方法といえるのであろうか。

たしかに、文字がある時代においては、文字によって残されたさまざまな記録を中心に歴史を研究していくことが一番有効な方法であるわけだし、文字が存在しない時代においては、人間が作り出したものや、人間が周囲の自然に働きかけた行為の痕跡といった、いわば物的証拠にもとづいて人間の歴史を考えていかねばならないわけで、そこにはそれぞれ異なった研究上の手続きや技術が必要とされることはまちがいない。

そしてそうしたことが、学問の専門分化という時代の要請によって、より細分化・専門化していったということも十二分に理由のあることだったといえる。しかし、そのような傾向が今後とも人間の歴史を考えていくうえで必要なことだというように固定して考えてしまって良いかどうかは別個の問題といえるだろう。

最近よくいわれる通専門領域の研究《インターディシプリナリースタディー》ということばも、個々の学問があまりに細分化・専門化されたためにかえって硬直化し、問題解決に有効な形で接近することができなくなってきた点の反省として生まれてきたと解するならば、人間の歴史を研究する諸分野においても同じようなことがいえるのではないだろうか。

そうした点から、先史時代・歴史時代という伝統的な区分のしかたについても、もう一度ながめなおしてみる必要があるように思うのである。

二

文字の発明ということが、人間の歴史の中での重要な出来ごとであったことは、以上の点からだけでも理解することができるが、実は人間は文字発明以前にそれと同じように重要な出来ごとを達成しているのである。それはことばの使用である。ことばを使用することによって人間は相互間の意志をより有効・適切に伝達しあうことができるのであり、これは人間が社会的集団を形成する中で極めて重要な役割をはたしたにちがいない。たとえば、人間集団がある一定目的に従って行動しなければならない場合、ことばによる情報の伝達は極めて重要だったであろう。

このような機能を持つことばが、人間の歴史のいつごろから話されるようになったかは今日十分明らかにされていない。サルはことばを話すことができないから、サルに近似した骨格上の特徴を残している初期の人類はおそらく今日われわれが話すような会話を行なうことができなかっただろうと考える傾向がつよいが、それではいつごろから可能であったかという点になると意見の一致がみられない。

この点を明らかにするための方法は大きく分けて二つあるように思われる。一つは口腔・咽喉・おとがいなどの骨格上・形態上の特徴をサル・現代人と比較しながら、ことばを話せる（発音することができる）ような形態上の特徴を人間がいつから獲得することができるようになったかを類推したり、脳容積の増加する割合によって言語中枢の発達を類推したりする方法で、いわゆる形質人類学が従来主として扱ってきたものである。いま一つの方法は文化史的な接近法で、これは先の研究のようにすでに一定の研究のつみかさねがあるわけではなく、ほとんど未開拓の分野である。

人間がことばを話すということは少なくとも、ある特定の音節を発音することができ、そのいくつかの音節をある一定のしかたで組み合わせ、しかもその組み合わさった音節をある特定の事象に対して限定的に用いるということについての人間相互間での了解が成立していなければならない。そうした約束がなければことばによる人間相互の意志疎通は不可能となる。こうしたことが可能になれば、ことばを仲介として、ある一定の情報が、人から人へと空間的に拡大し、親から子へというかたちで時間的に伝達されていく。つまり同一の情報を共有しうる人間集団が、時間的・空間的に拡大されることになる。

そこで、ある一定の情報ということを、より具体的に、ある品物を作るための技術とか、ある食料を獲得するための知識というようなものとしてみよう。ある品物を作るための技術が、多くの人々に共有されれば、そこには同一の製法にもとづく――従って出来あがりもほぼ相似した形態をもつ――一群の品物が残されることになろう。われわれはそうした一定の規格化された製作物が存在する場合それを「型式」と呼ぶ。つまり型式はものを作るにあたって一定の知識・技術を共有する人間集団によって社会的に作り出されたものであると考えるわけであり、そうした知識・技術の共有は、おそらくことばを媒介としなくては成り立たないのではないかと考えるわけである。

だいぶまわりくどい説明になってしまったが、以上のような考え方から、人間の作り出したさまざまなもの――主として道具――を型式にまとめ、その型式がどのように複雑化していくかという過程を追いながら、ことばを話す能力の発達過程を類推しようとするわけである。ただ、この方法は先にのべた形質人類学的な接近法にくらべ、より間接的であり、これがはたして有効な方法といえるかどうかは今後共十分な検討を重ねる必要がある。

三

人間がいつごろからことばを話しはじめたかを明らかにする二つの方法は、現在われわれに十分な成果を必ずしも示してはくれない。しかしことばの使用は文字の使用よりも、さらに長い発達の前史を持っていたことは疑いを入れないところである。文字の発明ということも、そうしたことばの使用という長い揺籃期を経過したうえで、はじめて可能なことであったといえるのだが、この二つの重要な出来ごとは人間の歴史において、一体どういう要因によって起こったことなのであろうか。

この要因は、生物としての人間の中に、すでに可能性として宿されていたものであり、進化の過程においてある意味では必然的に開花したものなのか、それとも人間が自然に対して働きかけていく過程で自らが獲得していったものとしても考えられるものなのであろうか。

ことばのはじまりと文字の使用という二つの出来ごとが、人間の文化の発達上極めて重要な役割を持っているにもかかわらず、われわれはそのことについて多くを語り得ないのである。

こうしてみると、いわば先史時代として一括され、歴史の教科書の中ではほんの冒頭の一節としてしか語られない部分に、実は人間の歴史の中で極めて基本的ともいえることがらが形成されていたことに気づくのであり、これはちょうど、幼児期までの体験が、一人の人間の将来に大きな影響を与えずにはおかないのと同じことがいえるのではないだろうか。

そのような点からも、人間の歴史を文字のあるなしで区別したり、それぞれの分野が独自な学問領域を形成している現在の状況は、早晩改められなければならない。むしろ、人間の歴史の研究には、大別して二つの接近法が存在するのであり、一つは文字化された資料にもとづいて研究を行なう方法——これは狭義の文字史学とでも仮称しよう——であり、いま一つは文字化されていない物的資料にもとづいて研究を進める方向があり——これは考古学・先史学・民族（俗）学などを統合した無文字史学とでも仮称しておこう——両者はそれぞれ相互に補い合って人間の歴史の全体像に迫ることができるというように考えたほうが良いのではなかろうか。換言すれば、歴史の研究は、この二つの接近法を使い分けたり併用することによって、より有効な形で進めることができるのではないだろうか。

このような歴史の研究というものが具体的にどのようなものとして体系化されるかは現在のところまだ明確に示すことはできないものの、いくつかの端緒はすでに存在する。たとえばアメリカ・イギリスなどでは最近、産業革命考古学（Industrial Archaeology）という一分野が発達しているが、これは産業革命当時の工場・工房などを調査し、その規模や構造を明らかにしようとする意図を持っているのであり、この方面の調査によって産業革命当時の産業のあり方について従来の記録の空白を有効に補っているという。筆者も、たまたま海外留学の機会に、アメリカ東部における産業革命時代の遺跡調査を見学することができたが、そこは鉄砲工場の跡であった。発掘を担当していた助教授はエッチング風の工場風景がえがかれている一枚の絵を示し、これがその工場跡に関する唯一の文献記録であると説明してくれ、発掘によって露出した工場の土台石や、さびた鉄の道具の破片を示してくれた。その時彼が、鉄の道具の破片を私に見せながら、たかだか一〇〇年くらい前に使われていたものなのに、われわれはこれが何の部分品なのかわからないのです、といったことばが、私にとっては印象に残っている。産業革命考古学という分野の出現は、考古学が、文字のない古い時代のみを専門とするものではなく、現代に近い時代の歴史の研究にとっても有効なものであることを示すもっとも端的な事例である。

このほか中世考古学（Medieval Archaeology）だとか水中考古学（Underwater Archaeology）といった聞きなれない呼び名を持った考古学の分野がいろいろ登場してきている。これらは現在のところ個々別々なかたちで存在しており、学問の細分化傾向に荷担しているかに見えるが、やがてはこれらの諸分野は一つのまとまりとして体系化されて無文字史学を形成し、従来から存在する文字史学（いわゆる狭義の歴史）とともに、より大きな人間の歴史に迫るものとして整備されるようになるのではないだろうか。

今日の日本と旧石器捏造問題

はじめに

二〇〇〇年に発覚した旧石器捏造問題は日本考古学協会のさまざまな検討を経て、一件落着となったかにみられている。確かにさまざまな石器を検討する判断規準や根拠は明らかにされ、これらは将来の類似のケースに大いに参考になる指標には違いない。しかしそれで全てが終わったといえるのだろうか。この問題は単なる考古学上の問題に留まらず、地域の村おこしや振興とも深く関連していたし、このような問題を報道するマスコミの姿勢にもかかわる、幅広い社会問題であったはずである。さらにそれ以上に、この問題がどうしてここまで破綻することなく人々に信じられてきてしまったのか、その原因は何であったのかといったことがほとんど追及されることなく、「人の噂も七十五日」といった感じで風化しようとしている現状を見て、疑問を感じるのは私一人なのだろうか。旧石器捏造問題を、今日の日本の社会問題として、敢えて問いなおしてみたい。

一　なぜ多くの人々に信じられたのか

この問題が専門家の間でたやすく否定されなかった理由の一つは、資料として後世の物ではあっても本物が使われていた点にある。筆者は最初にこの問題を考えたとき、石器の形態比較によって真贋が比較的簡単に明らかになるのではないかと思っていた。しかし専門の研究者に聞くと、確かに石器であって自然石ではない。ただし縄文の石器に限りなく似ているというものだった。問題の第一点はここにある。それは、前期旧石器といえども、縄文時代の石器に類似したものが全くないとは専門家でも言いきれないからである。

この問題は難しい。このような場合確かに疑わしい資料ではある。しかしそれを積極的に否定できない場合、可能性としては残されることになる。たとえば、そのような縄文的な特徴を持っているのが、東アジア前期旧石器の特徴ではないのか、と言われれば、その可能性は今後の類例の増加なり検討にゆだねるべきであろうという形で生き延びることになる。そして次々と捏造資料が報告されていけば、資料の増加という条件は満たされ、仮説からより蓋然性の高い考えだということになっていってしまう。

次に問題となったのは出土状態の不自然さである。発掘区のグリッドや崖の切り通し面に沿って一直線に複数の石器が並んで出土する状態が初期には多かった。このような石器の出土状態は全くありえないわけではないが、極めて不自然である。この点に専門家の批判が集中したことは正しいのだが、その決着がつく前に、遺跡内の遺構から石器がまとまって出土したり、ある地点からまとまって出土したりするような報告が相次ぐようになり、問題にされなくなってしまった。これはおそらく捏造者のほうで、そうした批判を学んで、新たな対策を立てた結果としか思えない。

最後に問題になるのは、前期旧石器を出土した遺跡からは、マイクロチップが出土しないという事実である。石器を製作すれば大きな石くずだけでなく、小さく割れた微小な石くずが出る。木工細工をすれば、鉋くずやおがくずが出るのと同じ原理である。これを確認するには遺跡の土壌を採取して、細かい篩《ふるい》で水洗すればよい、しかしこの手法は時間と労力がかかるためか、前期旧石器の研究グループは採用していなかった。もしこの点に関する批判が大きくなれば、捏造側でも何らかの対策をとったとみられるが、そうする以前に捏造そのものが発覚してしまったのが実情だったのだろう。したがってこの点からも前期旧石器の問題を批判するのは不発に終わってしまったのである。

二 どうして止められなかったのか

以上に説明したように、前期旧石器にはさまざまな批判的見解があった。しかしそれが有効に作用しなかった理由は何だったのだろうか。一つには批判に対して捏造者側がそれに学んで対策を立てたことにある。それ以上に大きな問題としては、考古学上の事実に対する資料批判に問題があるように思える。資料批判とは、その資料がどれほど信頼できるのか、その資料がある解釈に対してどこまで有効であるかを検討する方法であって、文献史学においては、ある歴史上の記載が、どこまで有効な情報を伝えているかを検討する基本的に重要な分析方法として定着しているものである。

たとえばある検討委員会で問題の石器群の約六割は後世の傷や混入のおそれがあるという結果が紹介されたとき、メンバーの一部から、それなら残りの約四割は有効な旧石器とみなせるのかという発言があった。この場合疑わしき物を六割含む資料群は、たとえ残りの四割が真偽不明としても、やはり疑わしいものと考えた方が良いだろうという判断は成り立つ。もちろんそこには、その四割が全く駄目な資料であるとは決定できないにしても、という条件をつけてである。

しかし捏造問題の多くの場面では、その可能性が四割あることの方が強調されてしまったきらいがある。別の例になるが、地質学者から、問題の石器を出土している層は火砕流と呼ばれる火山噴出物で、その層の堆積中には人類の生存は無理だったのではないかという批判が出たことがある。この場合にも、その層の形成されている期間に、局部的に人類の生存できる条件が存在したのではないかという反論が出され、これは地質学でも完全に否定はできなかったことから、その可能性のみが取り沙汰されていった経過がある。

要するに、資料や事実に疑わしき点があった場合そのどちらを優先して考えるか、あるいは二つの見解をどのようなバランスで見ていくかというとき、資料批判的な考え方をしっかり持っていないと、適切な判断が下せない良い見本になる。このような経緯は、日本の考古学界のみならず、多くの人々の間に、批判的な精神を育てる努力が不足しているのではないかと考えさせられる。それと、この問題は確率論的なものの考え方の欠如とも通じる所があるだろう。

つまり疑わしき資料を含んで立論された考え方に対しては、それなりの対処が必要なわけであって、このような場合学界としては、完全に否定はできないものの、あまり正当に評価できない考え方であるという評価を、学界の内外にきちっとすべきであると思う。しかし前述したように、そのような方向は取られず、僅かな可能性のみを強調する方向へと走ってしまったのである。やはり資料批判に対するきちんとした姿勢を確立することが、考古学界の今後に求められているといえる。

そのような状況の上に、この問題の特殊なあり方を強く規制するマスコミの問題がかぶってきた。マスコミにしてみれば、一部に批判的な意見はあるものの、それは決して大勢ではないと聞かされれば、最古の石器を求める報道合戦が熾烈化するのは目に見えている。

次々と「最古級」の資料が、地質学者がある種の保証を与えた「数十万年前の地層」から発見されれば、マスコミがそれを大きく報道していったとしてもおかしくはない。疑わしき事でも一〇〇回言いつづければそれは真実になる、という現象が堂々と進行していったのである。

そうなると、一般社会の認識も違ってくる。何しろ全ての新聞、テレビがこぞって報道するのだから、これは一般の人々にとっては、まさに「真実」そのものと映ったとしてもおかしくない。ここまでくれば「原人焼酎」やその他村おこしの材料として使われたとしても全く疑問の余地がない。時はあたかも地方の振興をさまざまな政策で実施しようとしていたからである。

かくして前期旧石器は、全くの真実として、日本歴史の最古を飾るべき位置を不動のものとしたのである。

三　改善に向けての反省

今回の捏造事件が、もしアマチュア考古学者ではなく、きちんとした考古学のトレーニングを積んだ専門家がやったとしたら、どのような反響が寄せられただろうか。確実なのは日本の考古学に対する信頼が地に落ちたということだろう。そして、考古学界の反応も今のような一枚岩ではなかったに違いない。しかし、そうでなかったからといって、全くの被害者サイドに立っていて良いものかどうかも問題である。やはり学界はこれを他人事とは受けとめず、自分自身の問題として明確化する必要がある。

その際まず問題になることは、学界としての見解なり姿勢をはっきりさせることだろう。もちろんこれはたやすいことではないが、少なくともそうした問題に対するコメントはきちんと出すべきである。そしてその際にはやはり肯定できる部分とそうでない部分とを分けて、わかりやすく一般に説明する努力が必要である。この点があいまいだったことが、後々一方的な見解が大きく膨らんでいってしまったことと無関係ではない。やはり考古学自身の見解については、学界がある種の責任を持っているという自覚の上に立つ必要がある。

マスコミに対しては、いくつか問題にすべき点がある。まず言いたいのは、もっと少数意見を尊重すべきだということである。今回のマスコミ報道は全て肯定派一色という感じで、少なくとも批判的に見ている新聞社は存在しなかった。これではやはり易きに与《くみ》したと言われても仕方がない。確かに少数意見をいちいち拾い上げていくのは徒労であり、容易な仕事ではない。しかしそうした取材を通して、初めて事の本質が見えてくるのではないか。筆者などは初期には電話取材を受けていたけれども、次第にそれが遠ざかり、ついには全く取材がなくなった。これなどは、記者達にとって都合良いコメントを出してくれる人々の方に自然と取材が偏っていったのではないだろうか。

次に取り上げたいのは、記者自身がもっと勉強してほしい、という事である。電話取材など受けた場合に思うことは、取材の内容に対する記者の不勉強が目立つことである。そうだとすると、取材先から言われることを無批判で受け入れることが多くなる。そしてその取材先が偏っていれば、結果として一定の方向を持った記事しか書けなくなる。もちろん勉強して書いている記者もいる。しかしそうした努力が時としてより上位のデスクなどによって変更されてしまうということも知らないわけではない。そうであるならば、これは新聞社の体制として考え直していただきたい。デスクは売れるような形にのみ記事に手を入れる存在ではないはずである。

最後に問題とすべきは、この問題をより大きな視野のもとに検討する体制を再構築する事である。初期人類の生活を明らかにする分野は、決して考古学のみではなく、人類学もかかわっている。さらに扱う地域も日本で完結しているのではなく、全世界に広がる規模を持っている。初期人類史の復元は、考古学の中でもっとも学際性と国際性が交差する分野なのである。このことから国際委員会の設定や会議の開催がもっと積極的に考えられなければならない。日本の前期旧石器時代の研究は、このような場を通して初めて充実した研究体制に再度練り直されるであろう。

II　縄文文化を復元する

貝塚の調査

一　貝塚とは何か

農業生産を開始し、安定した食料の供給を確保する以前の段階においては、人々は自然の中にあるさまざまな資源を採集したり捕獲したりすることによって自分たちの生存を計らなければならなかった。そのような段階の社会は、自然のもたらす恵みに大きく依存し、それを最大限に利用するための知恵を、長い試行錯誤をくり返しながら学びとっていったにちがいない。このような悠久の歴史の足どりを、遺跡や遺物の調査を通じて明らかにするのが考古学・先史学の中心的課題なのだが、貝塚はそうした目的にとって大変重要な情報をわれわれに提供している。

貝塚と先史生活の復元

貝塚は狩猟、漁撈、採集の日々を送っていた人々が、近くの海浜から採捕した魚や貝を食べたあと、居住地の近くに不用物をすてた結果できあがったいわば一種のごみすて場である。当時の海浜からはきわめて多種類の食料が採集されていたが、その中で量的に最も多くとられていたのは貝類である。これらの貝殻は石灰分からできており、くさりにくかったため今日まで貝塚が残されることになったのである。また大量に存在する貝殻は、付近の土壌をアルカリ性に変える働きをしたため、ふつう酸性土壌の多い日本においては残りにくかった獣魚骨などが貝塚の中に数千年にわたり保存されることになった。それゆえ、貝塚の中には先史時代の人々の食料事情、食生活の実態を示す多様な資料が存在している。われわれは貝塚に残された貝殻、魚骨、獣骨などから当時の生活の詳しい復元を行なえるばかりでなく、それらに基づき当時の自然環境がどのようなものであったかを知ることもできる。このことは、当時の人々が生活の舞台であった自然の中に存在する多くの資源をどのように利用していたかという、人間と自然の間にくりひろげられていた営みについても明らかにし得ることを示している。

世界の貝塚

貝塚は貝の生息に適した海岸が発達している地域ならば世界の各地に存在している。たとえば北米大陸では、太平洋岸のカリフォルニア州あたりや大西洋岸フロリダ州を中心とした地域などに巨大な貝塚が作られていた。日本の貝塚調査のきっかけを作ったE・S・モースが一八七七年（明治一〇）に横浜から新橋へ向かう車中から大森貝塚を発見したのも、モースがアメリカで貝塚を調べた経験があったからである。このほか、アフリカ南部、ヨーロッパ、東南アジアなどにも有名な貝塚が存在している。またオーストラリアのアボリジニは、現在でも多量の貝を採集し食用としており、そのすてる貝殻は一年間に五トン以上の貝塚を作り出している。このように、貝塚は今日でも形成されているのだが、最も古い貝塚は今から約一万年も前にできたらしい。東京湾の金沢八景にある夏島貝塚は、日本で最も古い貝塚の一つといわれ、約八〇〇〇年前に作られた。南アフリカには約一万年前にさかのぼる貝塚が発見されているという。

貝塚と海への適応

貝塚の形成が約一万年前くらいから始まっていることには一つの意味がある。それは、一万年前というのがほぼ最後の氷河期の終わりにあたっており、そのころから世界的な規模で気候が温暖化したからである。南北両極を中心に今まで氷の形でたくわえられていた水分が海水の中にとけ出し、世界的な海水準の上昇、つまり海進が始まったのである。この結果、海水はかつての陸地であった低地に侵入し、海岸部には今日の霞ヶ浦や浜名湖のような入江が内陸に向かって形成されるようになった。当時の人々はそうした環境の変化に対応するため、海への適応を深め、海から食料を得ることを始めたのである。このことから、貝塚というものが、人間の歴史の中で海への進出という一つの画期を物語る記念物でもあったことを知るのである。

日本の貝塚

日本列島には数多くの貝塚が分布しており、その数は正確な統計はないが一説によると二五〇〇カ所といわれている。これらの大部分は縄文時代の貝塚で、そのうちの九〇パーセント以上が太平洋側に分布している。岩手県の三陸海岸から宮城県の仙台湾にかけて、東京湾岸から利根川下流、霞ケ浦に至る地域、九州の有明海の沿岸などには多くの貝塚が残されている。なかでも東京湾から霞ケ浦にかけては最も有名で、特に東京湾岸の市川市から木更津市にかけての一帯には、縄文時代の中期から後期にわたる大規模な貝塚が群在し、あたかも「貝塚銀座」とでもいえるような状態を示している。これに対して日本海側にはあまり貝塚が分布していないのはなぜだろうか。その理由についてははっきりしたことはわからないが、一つには潮の干満の差が日本海側は太平洋側の一〇分の一程度しかなく、貝の採集が容易でなかったためではなかったかといわれている。

二　貝塚から得られる情報

多岐にわたる情報

貝塚の中には以下に述べるように先史時代の生活のありさまを復元する手がかりとなる多くの情報が存在している。これらの情報は大きく分けて次の三つのことを知る手がかりになるものである。

(1)先史時代の人々の食料はいかなるもので、またその食料をいかにして獲得し生活の安定を計っていたのかという、先史社会の技術的・経済的側面の解明。

(2)食料の獲得を通して、先史時代の人々は周囲の自然環境をどのように利用していたのかという、人間と自然とのかかわり合いや、その舞台となっていた自然環境それ自身の復元。

(3)先史時代の社会、文化の復元。

(1)を明らかにする情報は貝殻、魚骨、獣骨といった貝塚を構成する主要な資料から得られる。これらは貝塚以外の遺跡から発見されることは比較的まれであり、貝塚独特の情報源といえる。(2)も(1)と同様に考えられるが、環境の復元という点で食料以外にもさまざまに利用できる資料が貝塚には残されている。たとえば灰や木炭なども当時の人々の生活と環境を知るうえで大変役に立つのである。貝塚は単なるごみだめではなく、人々が一定の期間そこに住みついた集落のあとでもあった。従って人々の積み重なった生活の痕跡も数多く残されている。たとえば不要になった土器や石器の破片、竪穴住居のあとや埋葬された遺体なども貝塚から発見される。これから(3)の当時の社会・文化に関する情報が得られるのである。

魚骨・獣骨からの情報

今日までの日本の貝塚の調査によると、貝塚からは五〇種類以上の魚骨、六〇種以上の獣骨が発見されている。魚に関してはタイ、スズキ、サバ、マグロ、アジ、イワシ、コイ、ウナギなど、今日のわれわれが食べているもののほとんどが存在する。獣骨では、シカ、イノシシが圧倒的に多いが、この他カモシカ、クマ、タヌキ、リス、ウサギ、カモ、イルカなど、多くの種類にわたっている。これだけ多種類にわたる獲物を捕えていたということは、当時の人々の狩猟・漁撈に関する知識の深さを物語っている。たとえば魚についてみると、これらの多種類にわたる魚は、海の中のさまざまな場所に住んでおり、それらをつかまえるためには、魚の習性、季節的な住み分けの状態といったいわゆる魚の生態を熟知し、効果的な漁法を用いなければならなかったと思われるからである。また魚骨の中にはフグの骨も発見されており、おそらくフグ毒についての処理法を心得ていたものと思われる。このようなことから、魚食民族としての日本人の文化伝統の基礎が、すでに先史時代に作られていたことがわかるのである。

貝殻からの情報

貝塚には実に大量の貝殻がすてられている。量という点からいえば、おそらく貝塚を構成する資料の九〇パーセント以上は貝類の殻によって占められるだろう。貝塚を訪れてみると、地表一面に雪が降ったように貝殻が散布している。貝塚の内部を調査すると、一メートル以上もの厚さにびっしりと貝殻が堆積した貝層が存在することもある。こんなに厚く堆積しているところから、当時の人々は貝ばかり食べて生活していたのではないかと思いがちである。しかしはたしてそうなのだろうか。先にも紹介したように今日でも貝塚を作っているオーストラリアのアボリジニは、平均三四人くらいの集団で一年間に七トンの貝をとって食べている。このときすてられる貝殻の量は一年間に五・五トンになるというから、一人当たり一年間に一六〇キログラム以上の貝殻をすてていることになる。もしこの人たちが一〇年同じ場所に住み続けると、五五トンの貝殻の山、つまり貝塚ができあがることになる。ところが、これだけ大量に食べられた貝が原住民の食生活の中で占めていた役割りという点からみると、そう高く評価できないのである。一年間七トンもとられた貝から得られるカロリーは、原住民の一日当たり平均摂取カロリーの一〇パーセントも満たしていないのである。なぜそんな結果になるのかというと、貝という食料は殻の重さが全体の重さの七五〜八五パーセントくらいを占めるものが多く、食べられる部分がせいぜい一五〜二〇パーセントくらいしかないということによるものである。こうしてみると、貝塚を作った人々は、貝を大量にとる以外にも、山野にあるさまざまな食料を求めて毎日の生活を送らなければならなかったことがあらためて理解されるだろう。

貝殻と人口

以上のことから、貝塚に存在する大量の貝殻は、当時の人々の食生活のほんの一部しか支えていなかったことがわかるのだが、このことから貝塚に存在する貝殻の価値を低くみてよいかというと、決してそうではない。というのは、この大量の貝殻で貝塚を形成した人々の集団の規模ないし人口についての手がかりが得られるからである。

それでは先史時代の貝塚では一年当たりどのくらいの貝殻がすてられていたのだろうか。これを知るには、まずその貝塚にある貝殻の総重量を求める。この計算はいろいろややこしい手間はかかるがそれほどむずかしいものではない。次に^{14}C年代法などに基づいて、その貝塚が何年くらいの間にわたって形成されたかという貝塚の存続年数を求める。これも今日の研究の水準からみてとりたててむずかしいことではない。そして先の貝殻の総重量を貝塚の存続年数で割れば、先史時代の貝塚における一年当たりの貝殻のすてられる量が求められる。これを先のアボリジニの一年間にすてる貝殻の量と比較してみれば、一年間に貝塚にすてられる貝殻がおおよそどのくらいの集団ないし人口によるものかということがわかってくる。この方法によって求められた人口なり集団の規模と、住居址の数や集落の規模、あるいは埋葬された人骨などによって求められた人口なり集団の規模とを比較していけば、先史時代の社会の実態をより詳しく明らかにすることができる。

食べられなかった貝の情報

日本の貝塚からは三〇〇種以上の貝類が発見されている。これらのうちには、ハマグリ、アカガイ、アワビ、シジミ、アサリといった今日のわれわれの食卓にのぼる貝ももちろん含まれているが、今日ではあまり食用にしない小さな巻貝も数多く含まれている。食料事情のきびしかった先史時代のことだから、これらも食料の一部に利用されたとしてもおかしくはないが、これらの他に米粒ほどの大きさしかない陸産のキセルガイやマイマイのような貝も含まれているところをみると、貝塚で発見される全ての貝が食用に供されたものとはいえないことがわかる。キセルガイやマイマイはこのような貝の代表ともいえるもので、これらの陸産貝は貝塚が形成される過程でそこに住みついたものである。従ってこれらの貝は人間が貝塚にもち込んだものではない。その点からすると何の価値もないようにみえるが、実はそうではない。これらの貝類はジメジメした環境を好むものや比較的乾燥した所を好むものとか、いろいろな仲間がいる。このことは、貝塚から出てくるこれら陸産貝を調べれば、貝塚が作られていた当時どんな環境だったかがわかるのである。この点の研究はいまだ十分に行なわれていないが、貝塚が、うっそうと茂る木立の間に貝をすてた結果できたのか、それとも林をきり開いた集落の近くの空地に貝塚が作られていたのかといったことがわかれば、当時の村のありさまがより生き生きと復元されることになるだろう。貝類を用いた別の環境復元法としては、まだ十分実用化されてはいないが、貝殻中に含まれる酸素の同位体比（^{16}Oと^{18}Oの比）を用いて当時の海水温を測定しようという試みも始められている。これは当時の気候を知るうえで有効な情報となるものである。

ハマグリの情報

ハマグリは現在のわれわれもよろこんで食べるうまい貝である。これは先史時代も同じだったとみえて、貝塚には大量のハマグリがすてられている。この貝殻を分析することから貝類の採集季節を明らかにしようという研究がある。貝類はハマグリに限らず成長するとき一日一本のわりで成長線と呼ばれる年輪のような線を貝殻の中に残していく。この成長線は夏には成長線どうしの間隔が広がり、冬は狭くなる。そこでハマグリのような貝を縦断して成長線を観察すると、そのハマグリの年齢と、最後の冬から何本目の成長線でこの貝の成長が終了しているかがわかる。これはつまりそのハマグリが捕えられ食べられてしまった時期を示すのだから、ハマグリの採集時期を示すことになる。この方法で茨城県・上高津貝塚出土のハマグリを分析したところ、過半数が春に採られていることがわかった。このような食料採集の季節性の推定は、他の動物や魚の骨や歯を用いても明らかにできるといわれており、将来は貝塚から出土するこれらの資料を用いて、先史時代の人々の季節的活動の実態がより詳しく明らかにされることになるだろう。

炭や灰からの情報

貝塚には食物の残りかすばかりがすてられていたのではない。人々が生活を送るうえでいらなくなったさまざまなごみも貝塚にすてられている。たとえば、たき火や食物の調理によってできた灰などが貝塚の中に層をなしてすてられていることがある。その中にはもえさしの炭などもまじっているが、この炭を採集して顕微鏡などで観察すると木の組織がよくわかる。そしてその特徴から木の種類を知ることができる。これらの木は貝塚に住む人々が燃料などに利用したのだから、これから貝塚の近くにはどんな木が生えていたのか、人々はどんな木を好んで利用していたのかといった、当時の植生の復元や木材利用の状況などを明らかにすることができる。千葉県の加曽利《かそり》貝塚から採集された木炭によると、そ

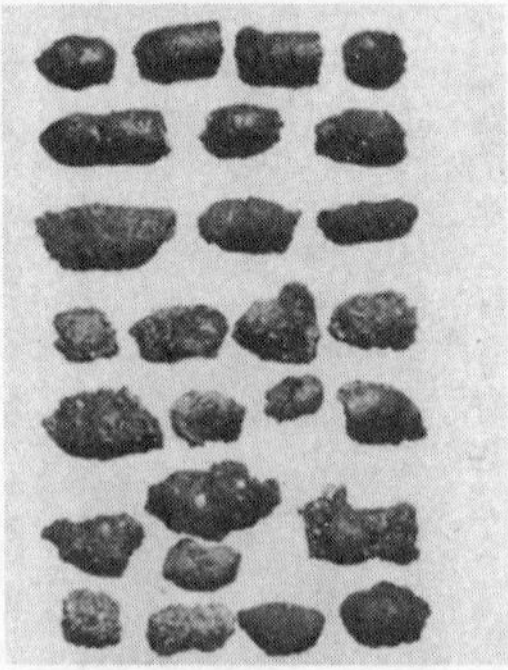

写真1　福井県・鳥浜貝塚出土の糞石（福井県立若狭歴史博物館蔵）

の大部分はクリだった。このことから当時の加曽利貝塚の近くの林にはクリの木が生えていて、人々はクリの実を採集して食料とするだけでなく、たき木としても大いに利用していたことがわかったのである。このような炭の中には、クリをはじめクルミ、カヤ、ドングリなどの木の実の殻の炭化したものなどが含まれていることがある。これらから当時の人々が植物質の食料をどのように利用していたかということの一端も明らかにすることができる。

糞石の情報

貝塚からは人間自身の出すごみ、つまり糞も発見される。これは糞石《ふんせき》（coprolite）と呼ばれていて、世界各地の洞穴や貝塚から発見されている。日本でもいくつかの貝塚からの発見例が知られている。この糞石の中には、消化されずに残された骨片、動物の毛、植物の繊維や種子の断片などが含まれている。そこでこの糞石を軟らかくして、中に含まれている資料をとり出せば、先史時代人の食生活の実態をより一層詳しく知ることができる。

アメリカの西南部からメキシコにかけては乾燥した洞穴が多く存在し、そこから多くの糞石が出土している。糞石の研究では人間の糞と犬の糞の形がよく似ていて、それぞれを区別することが基本的に重要だといわれている。これは糞の中に含まれている寄生虫の卵などを用いて区別することができるといわれている。次に重要な点は、石のように固くなっている糞石をうまく軟らかくして、中の資料をこわさないようにとり出すことである。従来はこの点がうまくいかず、糞石をすりつぶしたりしていたため、中に含まれている資料を破損してしまうことが多かったが、最近では薬品処理によって軟化させることができるようになっている。

村としての貝塚

貝塚を調査していると、貝層の下から竪穴住居のあとが発見されたり、貝層を掘りくぼめて人骨が埋葬されている例にであうことがある。たとえば、貝層の下から三〇軒以上の竪穴住居址が中央の広場を囲んで環状にならんで発見された千葉県・貝の花貝塚や、三〇〇体以上の埋葬人骨が発見された愛知県・吉胡《よしご》貝塚のような例がある。このことは、貝塚が単なるごみすて場ではなく、幾世代にもわたる人々の生活の積み重ねられた場所でもあったことを示している。従って貝塚の中には、当時のさまざまな社会生活の復元に役立つ情報も残されているのである。例をあげると、千葉県・姥山貝塚の一つの住居址から、成人男子二、同女子二、幼児一の計五体の人骨が発見されたことがある。これらの人骨は穴を掘ってきちんと埋葬されていたのではなく、遺体が床面におり重なるような状態でよこたわっており、あたかも流行病ないし食中毒によって一度に急死したかのような状況を示していた。もしこの五体の人骨が、この竪穴住居の住民であったとすれば、これは縄文時代期の家族構成を考えるさいの重要な資料になるものである。同じような急死の状態を示すような人骨を伴う住居址の発掘例はいくつかほかに知られているが、いずれも五人以下の構成人員を示している。このことから、一竪穴住居に三〜五人の男女が住むというのが、縄文時代には一般的であった可能性がある。このような小集団が、今日の核家族と同じものであったのかどうかについてははっきりとは断定できない。将来これらの人骨の形態を比較して、親子とか兄弟の関係がわかるような事実を明らかにできれば先史時代の社会構成について、より詳しい内容を知りうるだろう。

生活のつみ重なり

村は人々の生活の拠点であり、親から子、子から孫へと人々の生活がつみ重ねられていく。そのつみ重ねの中に、さまざまな生活の知恵や、ものの考え方などが世代から世代へと受けつがれ、そこに一つの文化の伝統が生まれる。こうしたつみ重なりは考古学的な事象としては何層にもわたる貝層の堆積や、複数の竪穴住居が作られてはこわれ、その上にまた新しく作られるといった、住居址の複合のありさまとして化石化している。だから重なり合った貝層や住居址は、先史時代の歴史のつみ重なりでもある。こうしたつみ重なり——考古学上の用語でいえば層位的関係——を明らかにし、人々の生活の歴史的再構成を行なうことが、貝塚研究の重要な問題である。別の言い方をすれば、貝塚は先史時代の人々の生活の幅広い範囲を伝えるさまざまな情報源を内包し、それらを層位的関係という時間的な秩序の中に保存しているのである。そしてこのことこそが、過去の人々の生活を知ろうとするわれわれにとって貝塚が持つ最大の情報なのである。

三　貝塚の調査

資料と情報

以上のことから、貝塚には先史時代の生活を復元するうえで役に立つ多数の情報がかくされていることがわかるだろう。しかしながら、そうした情報というものは貝塚を発掘すれば、すぐに手に入るものかというと決してそうではない。貝塚を発掘し、厚く堆積した貝層を前にしていくら考えていても、それだけでは必要な情報は得られない。貝塚を調査して、まず得られるものは、貝殻、魚骨、土器のかけら、竪穴住居のあとといった、それだけではすぐに何も語ってはくれない資料なのである。

もちろんこの資料は、われわれが知りたいと思う情報を含んではいる。しかしそれを知るには、それらの資料をさまざまな角度から分析したり、その結果を総合する過程が必要になるのであり、そうしてはじめて資料は持っていた情報をわれわれに語りはじめるのである。だから、われわれは貝塚の調査の過程で、どんな資料が貝塚に含まれているのかという点をよく注意しながら資料を集めるという作業を行なう必要がある。それと同時に、貝塚の資料の中からどんな情報が得られるのか、またどんな情報をわれわれは知りたいのか、ということに常に注意し、それに必要な資料を得るようにつとめることがたいせつである。このような資料と情報の関係をよく示す一つの実例を紹介しておこう。

マダイの体長

日本の貝塚からはタイ科の魚とくにクロダイやマダイの骨がよく出土する。そこで多くの人々は貝塚を調査するときマダイやクロダイの骨を採集し数をかぞえて他の魚骨にくらべてどのくらい多いか少ないかといったことを調べ、先史時代のマダイ捕獲の実態を知ろうとする。このような目的のためには、マダイの骨だけではなく、それと比較される他の魚骨もまんべんなく採集しておかなければならないことはいうまでもない。これで当時のマダイ漁についての情報が得られるが、これをもっと詳しく知ろうとするには、その捕えられたマダイが、どのくらいの大きさであったのか、ということを知ることが必要になってくる。そのためには骨の大きさからもとの魚の大きさを復元するという方法を開発しなければならない。それと同時に、貝塚から出土するマダイの骨の中から、どの部分の骨が体長の復元に最も効果的に利用できるかを知り、そしてそのようなマダイの骨をもれなく貝塚から採集するための方法を講じなくてはならない。

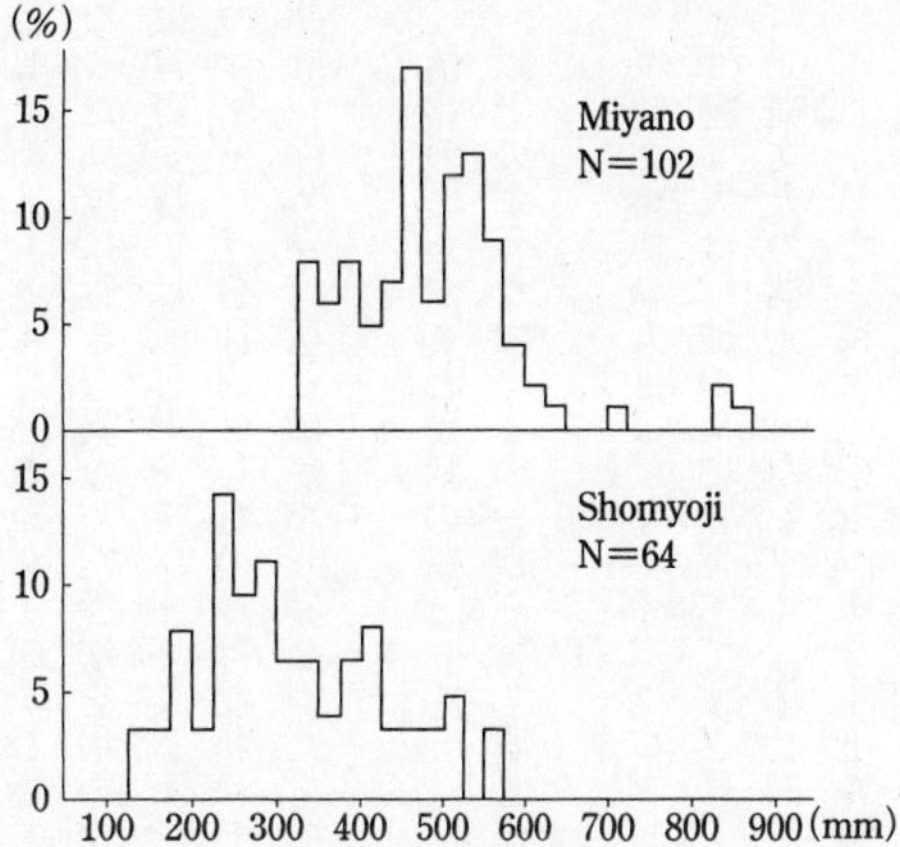

図1　宮野貝塚と称名寺貝塚のマダイ体長組成の比較

このようにして復元されたマダイの体長組成を示したのが図1である。この二つのグラフは、神奈川県・称名寺貝塚と岩手県・宮野貝塚という、ほぼ同時代に存在した縄文時代の貝塚より得られたものである。これをみて直ちにわかることは、宮野貝塚のほうが大きいマダイをとっており、称名寺貝塚で捕えていたような体長三〇センチメートル以下のマダイが捕えられていないということである。これはかなり興味ある事実である。というのは、三〇センチメートル以下の子供のマダイの棲む環境は、三

○センチメートル以上の親ダイの棲む場所とは異なっており、両者の捕獲にはそれぞれ異なった漁場に行き、異なった漁法を用いなくてはならなかったとみられるからである。特に宮野貝塚では三〇センチメートル以下の子ダイをほとんど捕えていないのだから、大型のマダイだけを目的とした漁が行なわれていた可能性がある。とすれば、そこでの漁撈形態は、称名寺貝塚とはかなり異なったものだったことが考えられてくるのである。

情報のゆたかさと資料の質

以上のようなマダイの骨から得られる情報を整理してみると以下のようになる。

①縄文時代の人々は、マダイ、クロダイ、スズキなど多くの魚を捕えていた。
②縄文人は、他の魚にくらべてマダイ、クロダイなどを多く捕えていた。
③縄文人の捕えていたマダイは体長四〇センチメートル前後の大型のものが多かった。しかしなかには三〇センチメートル以下のマダイも捕えていた人々もある。また三〇センチメートル以上の大型のマダイのみを捕えていた人々もあったようで、縄文人のマダイ漁は地域によって様相が異なっていたかも知れない。

①のような情報を得るための資料としては、貝塚の中にある魚骨にどんな種類があるか

という点に注意して資料を集めればよい。別の言い方をすれば、資料の採集時に何があるかを知ることだけでよく、どれだけあるかということを考慮する必要はないのである。これに対し、②のような情報を得るためには、マダイやクロダイの骨が他の魚よりも多く貝塚に存在するという根拠を示す必要がある。つまり他の魚にくらべてどれだけ多くあったかという数量的なデータが資料に伴っていなくてはならないし、資料の採集法も、そうしたデータが得られるようなものにする必要がある。③のような情報を得るためには、資料の数量的な側面にだけ注意を向けるのでは不十分で、採集する資料のサイズにも注意を向けなければならない。マダイの体長が大きいか小さいかを決定するのは、採集されるマダイの骨の大きさなのであるから、小さなマダイの骨も見落とさないような注意深い資料の採集法を用いる必要が生じるのである。宮野貝塚からは小さいマダイが出土しないということは、こうした採集法にうらうちされているのである。

このように、よりゆたかな情報を得るためには、よりよい質を持った資料を求めなくてはならないし、より質のよい資料は、さらに深い情報の分析を可能にする。情報と資料の間には常にこのような関係が存在するのであり、この二つの間の関係をうまく調和させながらいかにして貝塚から得られる情報を有効に先史時代の歴史の復元に活用していくかという点に、貝塚の調査法、研究法の役割りがあるのである。

調査と破壊

どのように調査が周到に計画され、発掘が慎重に行なわれようとも、遺跡の発掘は遺跡の破壊に通じる。ひとたび掘りくずされてしまった貝層は、いかような手段を講じてももとの状態にもどすことはできない。だから発掘にさいしては、貝層をこまかく区分し、貝の種類の差異、土や灰の混入のぐあいなどに基づいて貝層を細かく観察し、その堆積のありさまを貝層断面図に作成したり、写真にとって記録する。またそれぞれの貝層に含まれているさまざまな資料を採集し、それらの資料が、貝塚のどの地点から出土したのか、表土から何番目の貝層から得られたのかという、出土記録をとる。なかにはこわれやすい炭の細片や米粒のような小さな骨もあるから、発掘現場では細かな神経を用いる必要もある。また、計画的に一部の貝層を掘りとって全てを持ち帰り細かな篩を用いて中に含まれている資料をとり出す場合もある。

貝塚の調査がおわると、こうした貝層の断面図、遺物の実測図や出土記録、写真といった記録類と、貝、骨、炭、土器片、石器、石くず、貝や骨で作った道具などの資料が残される。そしてこれらを整理しながら、先にものべたように先史時代の復元に必要な情報をとり出していくのである。記録が十分あり、資料もいっぱいありながら、いざそれらを分析してみると、意外な新しい問題にぶつかることもある。そしてその問題をもう一度貝塚に行って確かめられれば幸いだが、最近のような大規模開発に伴う調査では、貝塚全体を掘りつくしてしまうため、もはや確かめようもない場合もでてくる。このようなときには、次に行なわれる別の貝塚の調査の中で確かめていかねばならない。

このように、一つの発掘はわれわれに先史時代の復元に関する数多くの知識をもたらすと同時に、新しい未開拓の問題があることを教えてくれる。そしてそれを受けた次の調査も、やはり一つの解決と新しい未解決を生むのである。これは考古学に限らず、研究ということの中にあるごく当たり前のことなのだが、考古学の場合に忘れてはならないことは、そのプロセスの中に、発掘による遺跡の消滅というできごとが介在していることである。それだけに、心して遺跡の調査にあたらなければならないと思うのである。

魚骨の研究

一　考古学的資料としての魚骨

貝塚から出土する魚骨に基づいて、先史時代における海浜の環境復元を行なったり、先史時代の漁撈活動を明らかにしようとすることは、先史時代研究の重要な一部門をなしている。日本においても岸上鎌吉《きしのうえかまきち》の古典的な業績をはじめとし、数多くの先学により、先史魚骨の研究が行なわれてきた。それらの全てを紹介することは本稿の目的ではないが、ここではそれらの研究の成果にもとづき、さらにいくつかの魚骨研究の新しい可能性についてとりあげてみることにしたい。

先史時代の食料事情について、遺跡に残された動植物遺体から研究を行なうさいの一つの問題として、食物の調理法ないし保存法の推定がある。有名な山内清男《やまのうちすがお》のサケ・マス論にまつわる問題の一つに、貝塚で発見されるサケ・マス骨の存否という点があった。山内は貝塚にサケ・マスの骨が少ないのは縄文人がサケ・マスを保存するため乾燥し粉砕した結果であろうと考えた。この推定の当否はひとまずおくとして、ここでとりあげるべき点は、魚骨の遺存状況というものと魚の保存法とが関連するものとして考えられている点である。

遺跡に遺棄される動植物遺体の形状ないし量的変化などからそれら食料源に対して、ある特殊な加工が加えられていたのではないかということを予測することは、動物の解体作業などのプロセスを知るうえで広く行なわれている方法である。魚骨においてもそのような例は知られており、Shawcross がニュージーランドの貝塚で行なった例がある。これは貝塚から出土したタイ科（Snapper）の魚骨において、発見された顎骨と脊椎骨との間の量的アンバランスに注目し、捕獲された魚の頭部を切断し、身体部を貝塚以外の場所に持ち去り、そこで消費された可能性を示唆したものである。

以上の事例は貝塚から発見される魚骨について、特定魚種の存否ないしは、同一魚種の部位の遺存状況を量的に知ることから、先史時代の魚に対する加工法ないしは調理法の存在を推定しようとする試みといえるだろう。先史時代の食料の多くは、採集・捕獲されたあと、何らかの加工処理——保存のためあるいは調理のため——を受けたのちに消費されたことは確実で、多くの民族誌の事例にそのような点が示されている。しかし、先史時代に、実際にどのような加工が行なわれていたかは遺跡に遺存する動植物遺体そのものにもとづく分析を通してまず明らかにされるのが本筋である。

このような魚骨の分析を通じて、魚骨は先史時代の食料事情、とくに食料の加工という重要な側面を知ることができる考古学的資料だといえる。そしてそれらから先史社会における生業活動の内容をより具体的に明らかにしうる。このような目的を追求するためには、貝塚から発見される魚骨資料の分析に関する方法的枠組みを明確にしておく必要がある。

二　魚骨分析の方法的枠組み

貝塚からわれわれが魚骨を採集し、それらを分類・同定したうえで集計し、そこからさまざまな考古学的考察を行なうというすじみちは、図1のような形で示すことができる。図1では魚が先史時代人によって捕獲され消費されたあと貝塚に魚骨が廃棄されるまでのプロセスと、その貝塚からわれわれが魚骨を採集し、同定・分類していくプロセスという二つの時間的に異なった次元で行なわれる行為を一貫した形で示してある。つまりわれわれの分析対象となる魚骨は図示したような経過を経て、われわれの手中に帰するのである。

図1で要因1〜要因4としたものが、この方法的枠組みの中で重要な意味を持っている。これらの要因の全てに共通する点は、それぞれの要因によって、分析の基本資料となる魚骨を、われわれ研究者側が入手ないし利用できなくなってしまう原因として考えられてい

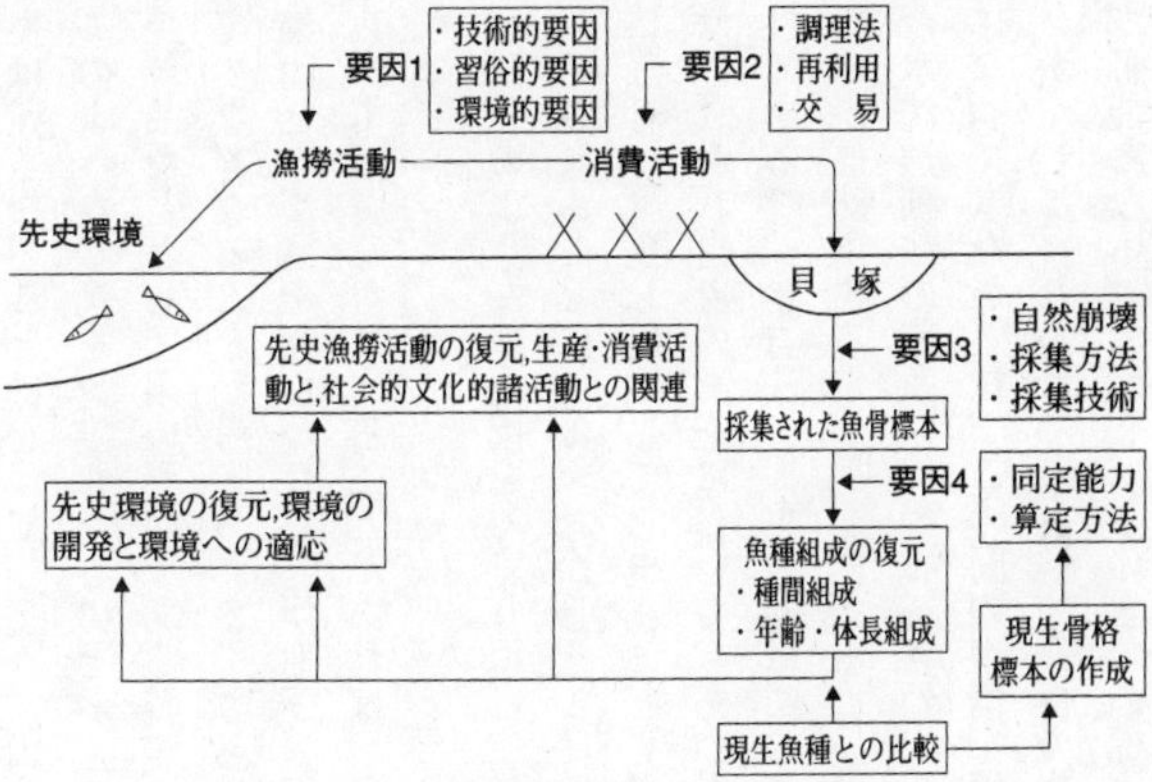

図1　先史魚骨標本の分析の方法的枠組み

る点である。要因1は先史時代における漁撈活動そのものの中に、先史環境中に存在した全ての潜在的魚類資源を利用しえなかった要因があったことを示している。先史環境中に存在した魚のうちのいくつかは、当時の漁法においては捕獲不可能であったとすれば、これはある種の技術的要因がそこに働いていたことになる。捕獲技術上問題はないにもかかわらずある特定の魚を捕えないとすれば、これは技術以外の要因、つまり当時における特定の魚に対する禁忌のようなものの存在といった習俗的要因を考慮する必要が生じよう。

要因2は、捕獲された魚類が消費されるさいに働く要因をまとめたものである。まず調理法において骨を身と共にすりつぶしてしまうような加工が行なわれたとすれば、それに用いられた魚は魚骨という形での考古学的証拠は残さないことになってしまう。山内がサケ・マス骨の遺存が少ないことを考えたのは、このような状況を想定したものといえる。また捕獲した魚の骨の一部を道具の一部ないし装飾品などとして用いれば、ある特定魚種のうちある部位の骨の発見率が他の部位に対して少なくなることが考えられる。さらに、捕獲した魚の大部分を保存加工したりして他の集団との交易を行なったり、伊《い》皿子《さらご》貝塚にみられるようにその大部分を基地集落に持ちかえって消費したりすることがあれば、貝塚に遺棄される魚骨は著しく減少することになろう。

以上のような諸要因をくぐりぬけ、貝塚に遺棄された魚骨に基づいてわれわれの分析は開始されることになる。しかしそこには数千年という時間の断層が存在しており、この間に魚骨が腐食し崩壊してしまうことも考えておかねばならない。それにもまして重要な点はわれわれ自身の調査において、あったかも知れない魚骨を採集しそこなってしまう危険性である。採集方法・採集技術はこの点にかかわるもので、いわゆるサンプリングエラーをいかに防止するかが重要である。先の山内のサケ・マス骨の存否についても、篩を用いた水洗選別法の普及に伴って、各地から粉砕されたサケ・マス骨の出土が報告されるようになってきたことは、この間の事情を端的に示すものといえる。

かくしてわれわれは考古学的分析の基本となる「採集された魚骨標本」を手にすることが可能となる。しかし、その全ての標本を考古学的分析に有効に活用しうるとは限らない。

それらの魚骨の魚種を細かく同定することが重要で、とくに同定しやすい部位の骨だけを利用するのであれば、その後に行なわれる考古学的分析や考察にある限界が生じることになろう。また、これらの魚骨標本を統計的な分析に利用しうるようなデータにまとめるための算定方法の確立も必要とされる。

これらの手順を経たうえで、われわれは魚種組成、年齢体長組成、部位別の魚骨集計といった先史漁撈活動の復元のためのデータを作成できることになる。そしてそれらを現生魚類に関する知識と対比させつつ、先史漁撈活動の復元、生産・消費活動や他の文化的諸活動との関連といった問題や、先史環境の復元、環境の関発と環境への適応といった諸問題に対してさまざまな解釈を行なうことになる。

以上からもわかるように、図1に示した方法的枠組みを用いて、われわれは分析の対象とする魚骨標本間にみられる種々の魚種組成やそれらにおける量的変化——ある魚種の骨が存在しなかったり、他の部位の骨の存在から当然存在が予測される部位の骨が異常に少なかったりするという——ないしは骨の破損の有無といった点をとらえる。そしてそれらが要因1～4に示したいずれによって生じたのかを確かめながら、その原因をさぐり、最終的にはわれわれの考古学的考察にとって重要な要因1と2にかかわる問題として追求していくのである。この点にかかわる具体的な問題として、岩手県・宮野貝塚（縄文時代中期～晩期）出土の微小魚骨を以下でとりあげて検討してみることにしたい。

三　微小魚骨の分析

岩手県・宮野貝塚から得られた貝層の柱状サンプルを水洗選別したところ、一ミリメートルメッシュ面上においてきわめて多量の現形を留める微小な脊椎骨が発見された。図2は一二サンプル中から得られた微小脊椎骨の数（完形）をヒストグラムで示したものである。各サンプルの体積は四万九五〇〇立方センチメートルであるから、宮野貝塚の貝層一立方メートル当たりでは一万六四〇〇個という大量の脊椎骨の存在が予想されることになる。これらの脊椎骨を同定したところ、カタクチイワシ、マイワシおよびサバの幼魚に由来するものであることが明らかになった。

一般に貝塚から発見される魚骨の多くは破損の痕跡を留めるものが多いにもかかわらず、これらの微小脊椎骨の大部分は椎体を完全に残しているものが多数存在した。またなかには二個の脊椎骨がつながったままの状況で採集されるものもあるなど、他の魚骨にはみられぬ良好な遺存状況が認められた。このような特異な状態がいかなる原因によって生じたかについては、大別して二つの可能性が考えられる。その一つはこれらの微小魚骨が、食料としてではなく、何か別の理由によって貝塚に遺棄された結果生じたと考えるもので、二番目の可能性としては、それら微小魚骨は、当時において骨の破損が生じにくいような加工法に基づいて消費された結果、他の魚骨にはみられないような良好の骨の遺存状況を示すことになったと考えるのである。

第一の可能性としてはカタクチイワシ、マイワシ、サバ幼魚などを捕食する他の魚が捕えられ、その内臓が貝塚に遺棄された結果これらの微小魚骨が貝塚に存在することになったという点である。宮野貝塚にはカツオ、マグロなどの魚骨が一定量発見されているので上記のような可能性は十分考えられた。そこで、三陸沖で捕獲されたカツオ一五〇尾について、その胃の内容物の検査を行なった。一五〇のカツオの胃のうちで、カタクチイワシ、マイワシ、サバ幼魚などが発見されたものは五六例あり、単一の胃の中で最も多くの魚を含んでいたものからは、カタクチイワシ二二尾、マイワシ四尾、サバ幼魚一尾の二七尾が発見された。もしこの胃が貝塚に遺棄されたとすると脊椎骨数は合計で一一五三個体となる。五六個の

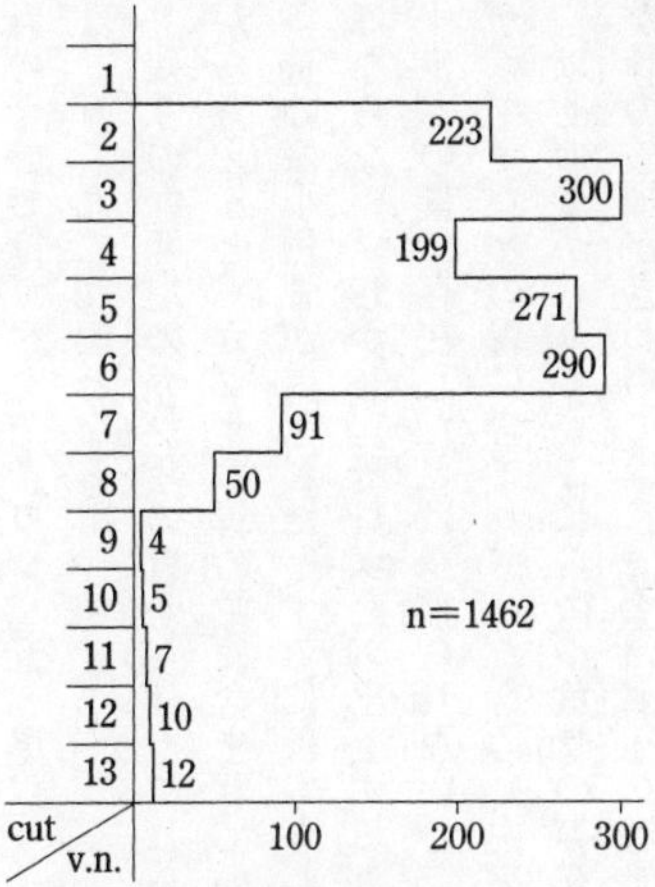

図2　宮野貝塚柱状サンプル（1～13cut）より採集された微小脊椎骨の分布（1 mm メッシュ）

胃の合計ではカタクチイワシ二五二尾、マイワシ三九尾、サバ幼魚四九尾、脊椎骨の合計は一万二九二九個となる。

残りの九四尾のカツオの胃からは、これら三種の魚は発見されず空であった。このことから考えると、カツオの胃の中に含まれていたイワシ類が胃袋ごと貝塚に遺棄された結果多量の微小魚骨が残されたとするには、きわめて大量のカツオが捕獲されていたと考えねばならない。しかし宮野貝塚から出土するカツオ・マグロの骨は、そのような条件を満たすほどの量で存在したとは認められないのであり、少なくとも、これら微小魚骨の大部分がカツオなどの胃に含まれていたものに由来すると考えるには無理がある。

以上の点からみて、これら微小魚骨の存在は宮野貝塚人の食料として捕獲された小魚類が骨の破損がきわめて生じにくいような形で消費された結果を示すであろうとする第二の可能性の検討が重要となってくる。これにはかなり特殊な消費の形があったことは容易に想像される。というのは、体長七センチメートル以下とみられるこれらの小型魚を食べるときは、調理法による骨の破損という問題のほかに、人間の歯による破損や消化による損耗という状況も考慮する必要があるからである。そのような点をも考慮するとすれば、これらの微小魚骨が完全に近い形状を多く留めて貝層中より発見されるためには、人体の消化器官による損傷を受けないような形で消費された可能性がつよい。

前記のような形での小型魚の消費のしかたとして考えられるのは、江戸時代のほしかのような魚肥として用いた可能性も考えられないではないが、施肥という高度な農業技術をこの時代に想定するのはきわめて不自然であるので除外するとすればまず第一に考えられるのは魚醬《ぎょしょう》の製作である。魚醬は塩を用いて魚を発酵させ、魚のタンパク質をうまみに変える方法で、一種の調味料としての働きを持つ食品であるといわれている。その起源については明確でないが、ギリシア・ローマ時代にもこの方法による一種のソースが存在し商品として広範に流通していた。またベトナムや北方漁撈民の間においても類似の方法が存在していた。日本においては能登半島、香川県、秋田県などに類似の製法が残されている。

能登半島の事例について若干の説明を加えると、魚醬はイシルないしイシリと呼ばれ、できあがった製品は一見すると通常の醬油に似ている。原料は輪島ではイカ、珠洲ではイワシを用い、約一年発酵させ上ずみ液を用いる。香川県ではイカナゴを用いるといわれていることから判断すると、魚醬の原料として小魚が多く用いられていたことがわかる。保存はかなり長期にわたって可能のようで、筆者が輪島で購入したものは二年以上経過しているが変化は認められない。これらの魚醬は発酵させてできた液汁を用いるものであり、骨などは残りかすとなる。先史時代において、海水等を利用して一種の魚醬のようなものが作られていたとすれば、そこに用いられた小魚類の骨などが貝塚等にかなり完全に近い形で遺棄された可能性が考えられる。

貝塚から完全な形を保った多数の微小な魚骨が採集しうるという考古学的事実に基づい

て、それが当時におけるいかなる要因によって生じたのかを検討することを通じて、先史時代における特殊な魚の加工法が存在した可能性が明らかとなった。もとよりこれは一つの可能な説明ではあるが、先史魚骨の詳細にわたる分析は、先史時代の食習慣という考古学からは接近しにくい問題にいくつかの光をあてることが今後できるようになると思われる。

縄文人の食べ物

一　獲得経済は惨めか

ここでは「縄文人の食べ物」という題でお話しいたしますが、どういう意味でこういう話をするかということを、まず申しあげたいと思います。初めに「狩猟・採集民の食料事情」、次に「縄文人の食料事情」についてお話しします。縄文時代の食べ物の問題は、現存する似たような生活を送っている人々の食べ物と比較してみる必要が大いにありますので、このような構成になっているわけです。

まず知っておかなければいけないことは、現代の日本人は、高度に発達した社会の中に生きているわけで、それに比べると、縄文人の世界というものは、今日のわれわれとは、いろいろの意味で違っている部分があるということです。人間は生きていくために何らかのエネルギーを必ず外界から取り入れて、内部のエネルギーに変えるという根本的な問題は、今も昔も変わりはないわけですが、その仕方といいましょうか、それを成立させている周囲の状況というものが、今日のわれわれとは大きな違いがある。人間の最初の社会形態は、狩猟・漁撈・採集というといういわゆる獲得経済であったことは、みなさまが既にご存知のとおりであります。しかし、この獲得経済に関して今日のわれわれは、ややもすると、ある種の偏見、予断を持って考えてきたのではないかという反省が最近起きてまいりました。つまり、狩猟・漁撈・採集という獲得経済は非常に不安定であり、人々の実際の生活は悲惨といいますか、いわば、その日暮らしの生活であるという考え方が、われわれ現代人の間に常識的にいきわたっていると思われます。人間の社会的なさまざまな意味での安定性、ひいては文化を生む基盤が用意されたのは、人間が獲得経済から生産型の経済に向かったところにあるということが、小学校や中学校の歴史でも教えられてきました。こういう考え方はやはり近代社会の中から生まれたものであろうと思います。要するに、近代になって産業社会が非常に発展していく中で、新しい形態を迎えた社会の人たちが、人間社会というものを広く見直す機会を得て、自分たちとは非常に生活程度の異なった一群の人々、現存する狩猟・採集を行なう人々の生活形態を見て、それが人間の始原の状態を色濃く残していると考えた。そこから、原始社会の状況を振り返るという経緯が一つあったわけです。近代人は、自分たちの生活水準の持つ安定した生活と、獲得経済の不安定な要素を非常に大きく対比した結果、獲得経済が非常に遅れた状況であるということを特に強調するようになってしまったと考えられます。

確かに、獲得経済を営む人々の生活が実際にどの程度惨めなものであるかについて、長い間、きちんとした調査なり研究に基づいた結果として論じられたことは、これまでになかったわけです。ヨーロッパ人を中心とした近代社会人が、前産業社会の生活をある程度垣間見て、それを未開社会と一口で呼び、生活の実態を報告したというのが実情であります。その中にさらに深く立ち入って、人々の生活の本当のしくみや、中に貫かれている社会の動かし方の基本になるような問題というものについて、科学的といえる分析を行なうようになったのは、ずっと後になってからのことでした。しかし、文明論の中で未開人というのは、本当に哀れな存在だったのだろうか。これは、近代人が自分たちの価値の中から勝手に決めたことではないかという反省、一つの見直しを起こす運動が、一九七〇年ころから強くなってまいりました。これはおそらく、アメリカあたりの民族学や人類学から最初に出てきたのだろうと思います。狩猟・採集社会、あるいは狩猟・採集民の社会には彼らなりのひとつの原理がある。それは近代人が獲得した原理とは違うかも知れないが、それなりに、よくできたシステムであって、彼らは彼らなりに安定度を持ち、社会としての一つのありようを示しているのではないか。最初の人間の生活形態の全体を見直そうとする考え方が出てきたわけであります。これに関しては、もちろん反対もありました。「昔はよかった」式に、原始社会がアダムとイヴの住んだような楽園であったという図式になりかねないという批判です。昔は何の制約もない自由な社会であったという近代人の始原への憧れが被さっていては、人類最初の段階の社会を考えるうえで必ずしも正しい方法とは言えなくなってしまうということです。こうして方法論的には、落とし穴に入る危険性もありますが、現代にも獲得経済を営んでいる人々が現にいるのですから、その生活にもう一度メスを当ててみることは、非常に意味のある仕事だといえると思います。

獲得経済を行なっている集団は、今日その数は非常に少なくなっております。アフリカのクン族やオーストラリアのアボリジニは、その生活形態を依然として営んでいます。こうした集団は、一九世紀や二〇世紀初頭までは、アメリカのかなりの部分にネイティヴアメリカンがおり、アジアにもアフリカにも、より多くの獲得経済によって生計を営む人々がおりました。しかし、さまざまな高度文明の側からの、文化的・政治的圧力によって、だんだんと生活の変化がもたらされるようになり、今日、獲得経済を根強く続けている集団は非常に少なくなってきています。

二　クン族の食生活

さて、彼らの生活の仕方についてここでは特に食料事情にしぼってみたいと思います。なぜならば、食物というものが一つの社会の基本的な成立要件であると考えるからです。

表1　クン族のメニューとカロリー（1日1人当たり）

種類	重量 (g)	タンパク量 (g)	カロリー (kcal)	%
肉類	230	34.5	690	32
モンゴンゴ	210	56.7	1,260	59
植物	190	1.9	190	9
合計	630	93.1	2,140	100

出典：Lee and DeVore eds., *Man the Hunter* (1968)

まず表1は、一九六〇年代後半に、アフリカのクン族を非常に綿密に調査した、リチャード・リーというイギリスの学者によります、クン族一人当たりの一日の平均的メニューと、その内容についての詳細な報告です。「種類」というのは、どんなものを食べているかということ。「重量」というのは重さの単位、グラムで示した値。「タンパク量」というのは、それぞれの食料に含まれるタンパク質の量をグラムで表したもの。「カロリー」というのは、それぞれの食品からどれだけのカロリーが得られるかということ。そして最後の「%」の欄は、全体の獲得カロリーに対する、その食品の持つカロリーの割合を表しています。これを見てまず一つはっきり言えることは、カロリーの総摂取量が一人一日当たり二一四〇キロカロリーであるということです。これは、今日のわれわれの摂取量に比べれば低いわけですが、決して悲惨なカロリー摂取量とは言えません。これはむしろ、栄養学上は最低限文化的生活を営むに足るカロリー量であると言えるわけです。タンパク質について言えば、九三・一グラムというのは、今日の日本人の摂取量と比較しても、それほどひけをとるとは考えられないわけであります。

このリーによるクン族の研究が、衝撃を与えたと言いますのは、彼らの摂取したカロリーが主としてどのような食べ物によって賄われているか、その内訳が示されていたことである。つまり、二二四〇キロカロリーの六〇パーセント近くに当たる一二六〇キロカロリーは、モンゴンゴ（またの名をマンゲッティ）という木の実からとられていたということです。

民族学のうえから代表的なハンター、狩猟民族であると言われているクン族の主要なカロリーが、木の実からとられていたという事実に驚かされるのであります。弓矢で動物を狩り、それを主たる食料源として生活する人々をわれわれは狩猟集団ないしはハンターと規定し、クン族は常にその代表としてあげられてきました。ところが、実際に彼らのメニューと獲得カロリー、少なくとも栄養の摂取状況から見る限り、クン族はもはや狩猟民であるとは規定できない。むしろ採集民であると考えなくてはならなくなります。従来ハンターと考えられていたものが、食事の内容から詳しく見てみると、全く異なる意味を持たざるを得ない。

このような研究を契機として、実際に伝統的な狩猟・採集社会の食料事情の内訳をもっと詳しく知る必要があると考えられるようになりました。たとえば、クン族は、彼らがとっている食物の中で、どれを一番大事にしているかという問題があります。これが、非常におもしろいことに、リーの調査によれば、肉という答えが出ています。実質上重要食料となっているモンゴンゴではなく、肉が大事だとなぜ彼らは思うのでしょうか。これは、彼らにちゃんとした理由があって、「肉は、とってくるのに手間がかかるからである」という明快な答えを持っています。捕るために労力をかけた食物あるいは高価な食物は大切なものであるという考え方は実はわれわれの中にもあります。肉とジャガイモないしは米を並べておいて、どれかをお取りくださいと申しますと、たいていの方は肉をお取りになる。だいたいヴァイキング料理に行きますと、高そうな食物からなくなっていく。そういう価値というものは、未開集団においても、やはり存在していたらしい。

さらにリーの調査の中で非常にショッキングであったのは、クン族が一週間に何日働くかという調査の結果でした。われわれの常識的な考え方では、狩猟・採集というのは非常に不安定な食料事情にあるから、しょっちゅうあくせく働いてなきゃならないのではないかということです。ところが、週休三・五日であるという調査結果でした。つまり、彼らが食料獲得のために費やすのは、週のうち三・五日ぐらいである。残りの三・五日は、レジャーといえるような形の時間の使い方をしているのです。従って、未開民族は食物をとるのに忙しく、あくせく働くばかりで休む暇もなく、だから文化が進まなかったという考え方は、かなり近代人の創作ということも言えます。

三　オーストラリア・アボリジニの食生活

表2は、リーの研究から約一〇年後の研究で、現在でもオーストラリア北部に住む先住民についての非常に詳細な食料事情の分析です。この調査を行なったのはミーハンというオーストラリアの女性研究者で、彼女は一年間この集団と起居を共にいたしました。こうして、つぶさにその生活内容を観察するというのが、民族的な集団を研究する時の、人類学、民族学における基本的な方法ですけれども、それを一年間にわたって行なうというねばり強い調査を行なったのであります。表2に示されていますように、これは三四人くらいの比較的小規模の集団です。摂取カロリーが低いところは一六二〇、高いところは二五〇〇キロカロリーまでと、季節によって高低がある。低いところには、雨期であまり外に出ていろいろなことができない時期、高いところは、陽気の良い時期で、宗教的行事やお祭りなどが盛んに行なわれる時期であると記録されています。つまりこの調査によって、狩猟民族のカロリーの摂取量は、一年中同じではなく月毎に変動があることがわかったわけです。植物質食料と動物質食料からのカロリー貢献度が、どのような割合になっているかというデータがあげられておりますが、ここでもクン族の場合と同じように、植物に頼る割合というものが比較的高いということが示されています。

では、実際にそれぞれに出ているカロリーの内訳はどういうふうに賄われているのでしょうか。それを示すのが表3です。一九七二年九月、つまり表2で二〇九〇キロカロリーと示されている月の食物の内訳が報告されています。ここで「重さ」というのが二つございますが、最初の「重さ」は食物の食べられる部分も食べられない部分も全部一緒にして測った食物の総体の重さです。二番目の重さは「正味」、つまり食べられる部分の重さです。それから、タンパク量をキログラム単位で表した値と、カロリー摂取量と、その総摂取カロリーに対する割合が示されています。

表2　アボリジニの1日摂取カロリー

年　月	1日平均カロリー (kcal)	植　物	動　物
1972. 9	2,090	39	61
1973. 1	1,620	47	53
1973. 4	2,400	68	32
1973. 5	2,500	60	40

出典：Betty Meehan, Man does not live by calories alone. *Sunda and Sahul*（1977）

この表を見ますと、彼らが実にいろいろなものを食べているということがわかります。量からいくと、貝が一番多く、五種類ぐらいの貝を、一カ月に数百キログラムぐらいは必ずとる。最も多い月では六〇〇キログラムもとっております。アボリジニの、特に北部にいる集団は、海産資源を好みますから、次に多いのが魚ということになります。アラフラ海に面したポートモレスビーから、少し東に行ったところにアーネムランドという所があり、彼らはここに住んでいます。気候は亜熱帯に属し非常に暖かく、遠浅の海に臨んでいますから潮干狩りも魚とりもできる。魚が新鮮かどうかは、われわれがやるように、魚の目で判断するわけですが、彼らは非常に新鮮なものを好む。肉についても同様です。

彼らは、また、ワラビーやカンガルーなどの動物も食べます。それらを狩猟するためには、部落からかなり遠方まで出かけ、二、三日の泊りがけで狩猟することもあります。そこでつかまえたカンガルーの肉を部落に持ってくるのですが、ミーハンの報告によると、部落にもう少しで着くというところで、その肉を捨ててしまったことがある。そのわけは、肉が古くなってしまったからということなのであります。このエピソードは、彼らがいかに食物の新鮮さというものに繊細な感覚を持っているかということを物語っています。その他、いろいろなものを種々雑多に食べております。爬虫類や甲殻類、果実・ナッツ類、それからアリの巣やハチミツ。あるいは、マングローブに付く虫を木に登ってはつかまえて食べるらしいんです。また、サゴヤシの澱粉《でんぷん》を食って育つ幼虫も食べる。要するに昆虫食も行なっているわけです。日本では、この例はごく稀《まれ》にしか残っておりませんが、おそらく先史時代の社会においては、かなり広く行なわれた食料資源の一つだろうと思われます。つまり、哺乳類、鳥類、魚貝類、昆虫類などいろいろなものを食べているのです。

ただし、彼らはそれだけで生計が立っていたかというと、必ずしもそういうわけではない。表3の食料の種類の最後に「購入食品」というものがあり、これが全体の獲得カロリーの三五・二パーセントを占めています。この食品は、オーストラリア政府が近くにトレ

表3　1972年9月のアボリジニのメニューとカロリー

食料の種類	重さ（総体）kg	重さ（正味）kg	タンパク量 kg	カロリー kcal	%
貝類	239	50	10	40,000	3.6
マングローブの虫	6	6	1	5,000	0.5
甲殻類	14	8	1	7,000	0.6
幼虫類	0.5	P	P	P	P
魚類	221	177	35	242,000	22.0
爬虫類	100	70	14	105,000	9.5
鳥類	30.5	21	4	64,000	5.8
哺乳類	87	65	12	196,000	17.8
果実・ナッツ	141	10	2	33,000	3.0
野菜類	6	6	P	8,000	0.7
アリの巣	0.5	P	P	P	P
ハチミツ	8	8	P	13,000	1.2
購入商品	131	105	10.5	388,000	35.2
合計	984.5	526	90	1,101,000	100

出典：Meehan（1977）

ードポストのようなものを作って売っているものですが、アボリジニは主に小麦粉や砂糖を購入しています。ただ、彼らはそういうものを必ずしも喜んで食べているとはいえず、やはり伝統的な食品のほうに嗜好は向けられています。表3のデータは、一七日間の観察の結果です。この間に総体として、九八四・五キログラムの食料がかつぎ込まれ、その中で、五二六キログラムが食べられ、九〇キログラムのタンパク量、及び一一〇万一〇〇〇キロカロリーが摂取されたことになります。この調査の時、この村の人口は三一人と記録されておりますので一人一日当たり二〇八九・一八四キロカロリーを摂取していることになります。同じく計算すると、タンパク量は一人平均で一七〇グラム。数字だけでものごとを処理してはいけないのですけれども、栄養学的にみて、二〇八九キロカロリーと、タンパク量一人一七〇グラムという数値は、それほど悪い値ではないと考えられます。ミーハンが特に注目していることは、一九七三年の一月一六二〇キロカロリーという最も低い平均カロリーの摂取量を示した月であります。この時間は雨期で、戸外にはあまり出ない。ミーハンが実際の体験から「そういう時でも決して彼らがひもじいような状態として観察されたことはなかった」と報告していることは重要であります。雨期には海に行ってもしようがないし、狩りもできないという状態の時ですから、こういう低いカロリー数値を示したけれども、そこでひもじさに膝を抱えているというような状況ではなかったとミーハンは報告しているわけであります。このことは、われわれに何を教えてくれるのでしょうか。特に狩猟・採集社会という縄文時代の食料事情を考える時に、非常に大きな参考になるわけであります。やはり、狩猟・採集民というのはそれなりに、一つの食料獲得の方式を確立している社会であって、それは、そうした生活形態に馴れていない今日のわれわれから見ると不安定に見える部分がある。しかし、実際に彼らの生活をつぶさに検討してみた幾人かの研究者は、かなり相対的ではあるけれども安定性のある社会であるという報告をしているわけであります。ですから一概に狩猟・採集経済は不安定であると頭から決めてかかる必要は必ずしもない。むしろそこに自然と、生活の仕方との間にどのような調和がはかられているのか、そしてそこにいかなる知恵がはたらいているのか、そういうことを見る必要がある。

このような事情は、おそらく多少の差はあれ、遠い昔の先史時代の人たちの中にも、ある意味で通じるところがあるだろうと私は考えるわけであります。つまり、縄文人の食料事情を考えていく場合にも、このような事例を参考にしながら、もう少し見直していく必要があると考えます。

四　縄文時代の食料事情

縄文時代に農耕が行なわれていたかどうか……実は、専門家の間ではいろいろな意見があるということを最初にはっきりと申しあげておきたいと思います。私自身は、縄文時代には農耕はなかったと考えています。少なくとも生産経済としての農耕社会ではなかった。そうではなくて、高度に発達した獲得経済社会であると縄文時代を見ております。では、そのような考え方に立つとすれば、具体的に縄文時代の食料事情はどのようになっていたのでしょう。まず表4には、縄文人が何を食べていたかが示されています。従来は、何を食べていたかということが主として論じられていたわけであります。しかし、私は外国の研究事情をいろいろと参照し、単に種類だけを問題にするのではなく、それが食品としてどういうメリットを持っているか、食物の質としてどんな内容評価ができるかということ

食料の区　分	番号	食料の種類	100 g 中のカロリー(kcal)	水分(%)	タンパク 質(%)	脂質(%)	炭水化物(%)	灰分(%)
	35	カ　マ　ス	94	78.0	19.3	1.2	0.3	1.2
	36	サ　ケ	141	72.2	20.0	6.0	0.3	1.5
	37	サ　バ	114	76.0	18.0	4.0	0.3	1.7
	38	ス　ズ　キ	115	74.5	21.0	2.7	0.3	1.5
魚　類	39	マ　ダ　イ	101	77.8	18.0	2.5	0.3	1.4
	40	ク　ロ　ダ　イ	91	78.9	18.0	1.4	0.3	1.4
	41	コ　イ	178	67.0	22.4	9.0	0.3	1.3
	42	フ　ナ	103	78.0	17.0	3.0	0.7	1.3
	43	マ　ス	143	71.0	22.0	5.3	0.3	1.4
	44	ノウサギ（肉）	143	74.3	16.9	7.8		1.0
	45	イノシシ（肉）	147	74.1	16.8	8.3		0.8
	46	マ　ガ　モ（肉）	126	72.4	23.7	2.7		1.2
	47	ウ　ズ　ラ（肉）	117	76.3	18.5	4.2		1.0
鳥獣類	48	キ　ジ（肉）	132	70.4	25.3	2.7		1.6
	49	※シ　カ（肉）	112	78	20	3		—
	50	※ク　マ（肉）	132	75	14	8		—
	51	※ク　マ（脂肉）	434	17	58	20		—
	52	※サ　ル（塩漬）	108	76	21	2		—
	53	ハ゛チ　の　子	231	42.6	20.3	7.9	19.7	9.5
昆　虫	54	※アカガエル（乾）	301	13.2	62.9	3.6		19.0
および	55	※シマヘビ（粉）	349	6.6	62.0	9.3		17.8
爬虫類	56	※マ　ム　シ（粉）	320	0.8	67.8	3.4		24.8
	57	スッポン（肉）	69	83.0	14.9	0.2	0.9	1.0

大部分のものは貝塚、泥炭層等からの出土例のあるものを選んであるが、植物質食料の中で、特に根菜類はある程度の予測の下に当然利用されていたと考えたものがかなりある。大部分は『三訂日本食品標準成分表』によったが、○印を付したものは岩田久敬『食品化学 各論』（養賢堂、1965年）による。また※印のついているものは、同じく岩田（1965）中に示された成分に基づきF. A. O.のカロリー換算係数（タンパク質4.27、脂肪9.02）を用いてカロリー換算を行なったものである。食料の区分としては、この他にも果実類、葉菜類などが考えられるが、カロリーを示す目的からしてこの表では省略した。

表4　縄文時代の主要食料のカロリーおよび成分一覧

食料の区分	番号	食料の種類	100g中のカロリー(kcal)	水分(%)	タンパク質(%)	脂質(%)	炭水化物(%)	灰分(%)
根菜類	1	ヤマノイモ	121	68.0	3.5	0.1	27.5	0.9
	2	○トコロイモ	331	13.0	6.1	0.6	79.2	1.1
	3	○ホドイモ	321	14.6	11.4	0.7	69.5	3.8
	4	ユリ根	128	66.0	4.8	0.6	27.2	1.4
	5	○カタクリ	350	12.3	3.9	0.3	81.5	2.0
	6	○クズ	338	11.7	0.8	0.6	85.9	1.0
	7	○ワラビ根	283	14.9	3.3	0.8	78.3	2.7
	8	○ノビル根	235	16.4	4.9	1.0	73.2	4.5
種実類	9	○クリ	208	48.5	4.0	1.2	45.2	1.1
	10	○シイ	280	30.4	4.5	0.4	63.5	1.2
	11	○トチ	374	14.3	3.1	6.1	75.4	1.1
	12	○ナラ（粉）	341	15.0	3.7	1.6	77.8	1.9
	13	○チマキザサ（粉）	367	8.5	12.9	0.9	76.4	1.3
	14	マツ（実）	634	3.4	14.6	60.8	18.4	2.8
	15	カヤ（実）	612	6.7	12.2	58.3	20.0	2.8
	16	○ブナ（実）	524	12.5	25.2	39.1	19.2	4.1
	17	○ハシバミ	647	6.7	18.2	58.8	14.5	3.0
	18	○オニグルミ	672	7.0	23.8	59.3	7.3	2.7
	19	○ヒシ（実）	344	13.5	13.8	0.6	70.3	1.8
	20	ハス（実）	121	67.7	8.1	0.2	22.5	1.5
貝類	21	ハマグリ	64	84.8	10.0	1.2	2.5	1.5
	22	アサリ	63	85.4	10.6	1.3	1.5	1.2
	23	アワビ	107	73.4	23.4	0.4	0.8	2.0
	24	カキ	96	79.6	10.0	3.6	5.1	1.7
	25	サザエ	106	74.3	20.0	0.5	3.8	1.4
	26	シジミ	103	76.0	15.0	1.8	5.6	1.6
	27	アカガイ	85	79.8	15.5	0.5	3.5	0.7
	28	バカガイ	60	84.8	11.0	0.6	1.8	2.2
	29	ウニ	148	71.5	15.8	8.5	2.0	2.2
魚類	30	アジ	118	75.0	20.0	3.5	0.3	1.2
	31	アナゴ	155	71.5	19.0	8.0	0.5	1.0
	32	マイワシ	130	75.0	17.5	6.0	0.3	1.2
	33	ウナギ	249	60.7	20.0	18.0	0.3	1.0
	34	カツオ	137	70.0	25.4	3.0	0.3	1.3

を見ていかなくてはいけないと考えました。まず表4に、縄文人が食べていた食物がリスト・アップされています。これは、考古学的な証拠に基づいております。ただし一番最初の「根菜類」つまりイモ類や球根類ですが、こういうものについては、考古学的証拠がまず残りませんので、それを調理した器具や、採集のために用いる道具などから推測するわけです。とはいっても、縄文時代の社会では、それほど道具が特定化しておりませんで、木の実をすり潰《つぶ》した石皿のようなものは出てまいりますが、それは特定のどの食物のためのものであったかまではわからない。ただ食料の利用の仕方から見て、当然このくらいは利用されていたであろうという、一種の状況証拠に基づいております。これは学問の限界ですから、証拠のないものはないと信じるか、証拠が残り得ないなら、あった蓋然《がいぜん》性の中で議論を立てるか、どっちかしかない。私は蓋然性の方で考えたい立場に立つわけであります。「根菜類」のところには、ほかにもまだいろいろと細かいものを出していけばあるのですが、ヤマノイモなどをはじめ、みなさんもよくご存知の食物だけをあげたのは、栄養の中味、つまりカロリーや栄養分を出せるものに限ったことによります。

次が「種実類」、木の実の類であります。ただハスだけはちょっと違うのですが一応入れておきました。種実類というのは非常に種類が多く、大部分の遺跡からその証拠が出ております。この中で出ていないのは、おそらくハスとマツとササぐらいでしょう。あとは全部考古学的な証拠がございます。ただササなども縄文人は別の形で利用して、いろいろな材料として使っておりますので、決して知らなかった材料ではない。ただササの実は、めったにならないので恒常的な食物としてそれほど期待はできないと思います。種実類の中で縄文人が最も頼りにしていたものは何か。遺跡から最も多く出てくるものは何かといいますと、それは、クリとクルミ、この二つが双璧であります。続いてトチ、ハシバミ、カヤ、ナラ、シイが多く、ヒシもおそらく利用されていたと考えられます。

さて、種実類は大きく二つに分類が可能だということにご注目をいただきたい。一つは、タンパク質なり脂質の含有量が非常に高いもの、もう一つは、炭水化物を多く含むものと二つある。前者には、マツ、カヤ、ブナ、ハシバミ、オニグルミ、後者には、クリ、シイ、トチ、ナラ、ヒシが属します。つまり、種実類というものは、救荒食料になるわけであります。江戸時代までは、稲作が不順であった時の主食がわりとして、こうした種実類が食べられました。種実類は、種類も豊富で、しかも内容がある。この点が種実類の非常に重要な点であろうと考えられます。

三番目が「貝類」であります。縄文時代でおそらく最も大量にとられたのは、貝であったと思われます。表には一部しか出してありませんが、縄文時代人は今日われわれが食べている貝は全部、あるいはそれ以上に食べております。そんなもの食べられるのかなと思うようなものまで、明らかに食用の対象として採集してきたということが証拠としてあげられる。むしろ今日のわれわれは、うまい貝だけを拾い食いしているという言い方の方が正しい。岩礁性の貝類、あるいは砂浜に棲む貝類などいろいろ食べていたわけです。ウニは貝類ではありませんが、項目上ここに入れました。ウニを縄文人が好んで食べていた証拠に、そのトゲが貝塚からたくさん発見されております。

次に「魚類」です。これがまた豊富です。遠洋のものは別として、近海のものは、今日われわれが食べるものは、だいたい食べている。特にフグのようなものも食べていますから、何らかの形で毒性を除去する知識を持っていたと判断できます。極端な言い方をすれば、今日のわれわれの水産資源は、既に縄文人によって開発されつくして、われわれは、その遺産を引き継いでいるだけだということになります。

それから、「鳥獣類」であります。日本には、大型哺乳類があまり多くなく、最も一般的な大型哺乳類としては三、四種類しかございません。一つは、中部高地のような比較的高い山地で捕られたカモシカです。洞窟の遺跡から骨が出ている例がいくつかあります。丘陵地からは、ニホンジカ、平野ではイノシシ。この三つがおそらく縄文人の狩猟対象の大型哺乳類だった。クマは捕るのに危険を伴います。少なくともシカやイノシシを捕るようなわけにはいかなかっただろうと思いますから、それほど一般的ではなかったでしょう。しかし、北海道では本州より多く捕られていたと考えられます。

これらの哺乳類のほかは、小型の哺乳類と鳥類に限定されます。その中で有効な資源と見られていたのは、ガン、カモなどの水鳥で、貝塚からも骨が発見されています。小動物は狩猟の効率があまり良くないのですが、ウサギやキツネは、タンパク源のほか毛皮の利用としても捕られていました。昆虫も食べられていたと思います。今日のわれわれの昆虫食は非常に限られていますが、一般的なのはハチの子で、信州では缶詰にして売られていて、けっこうおいしいわけでありますが、縄文人も食べていたと考えられます。それからカエル。私どもの学生は、新入生などにこれは鳥だと言ってカエルを食べさせたりします。それから、ヘビ、マムシ、スッポンなどの爬虫類が食べられていました。ヘビは今でもこれは「ヤマウナギ」という言い方が残っています。調理次第で非常に良い食物になります。そのほかに、貝塚から、カメ、主にウミガメの骨が出ていますから、彼らは卵の類も含めて食べていたに違いありません。

以上の食物の中で実は昆虫類が一番わからない。オーストラリアのアボリジニの例からして縄文人が昆虫食をしたというのは、先ほどあげましたハチの子以外にもっとあるように思えます。私の小さい時には、イナゴをたくさん取って売り、学用品代にするなどの経験がありまして、日本人はイナゴを食べていた。しかし、これは稲作と共に入ってくるものでありますから、縄文時代まで遡るかどうかはわかりません。もっと古い痕跡としては、信州の伊那谷にザザムシを食べる風習が残っております。これは川の砂利の下に棲んでいるカゲロウやトンボのような虫の幼虫だと聞いております。それを佃煮にするのですが、川の苔の匂いがして、アユのような香気があります。これは、伊那谷の旅館に行っても注文しないと出てこない。現在は大変高価な嗜好品になってしまいましたが、昆虫食の伝統を残す食品の一つだと思います。おそらく稲作文化の到来と共に食生活は徐々に変わっていって、真っ先に滅んだのがおそらくこの昆虫食であろう。一方、種実類や貝類は、栄養学上、縄文時代とは逆の役割をになって、今日のわれわれの食生活に残存することになったのでしょう。

五　縄文食の栄養バランス

以上が、縄文人の食料として考えられるものであります。しかし、問題は、こういう食物がありましたと申しあげるだけでは、縄文人の食物について詳しく申しあげたことにはならないのであって、それらの食物がどのような意味を持っていたかお話しする点にあります。その点をいろいろの形で考えてみたものが、表5で、縄文時代の食料の栄養状態を割り出したものです。これを、先にとりあげましたクン族やアボリジニの食料について出したようなかたちで示せれば一番良いのですが、現在の考古学の中では、まだ十分にはできません。少なくとも、カロリーや、どんなものをどのくらい食べていたかを示すには、やはり量を問題にしなくてはならない。量を問題にするということは、たとえば鳥を食べていたのなら、その数がわからなければ、カロリー表示はできません。こうした実態を知るためには、貝塚などから発見される骨を詳しく調べ、どの骨が一番多いからどうだろうというようなかたちで計算して出さなければいけない。しかし、縄文人の食物は、そうした計算ができない品目もたくさんありますから、おおよその見当をつけて、一つのモデルを作った。そうして、主要な食物の中から最も一般的に遺跡で発見されるだけのものを四種類ずつ選び出しました。「廃棄率」という妙な用語が出ていますが、これは食物の食べられる部分と食べられない部分を分けて、食べられない部分を棄てた、その割合でありまず。もともと食物は、食べられる部分と食べられない部分の両方を持っているものです。食べられる部分を取り出して食べやすくする、それが調理であります。したがって食物の問題をいう時には、常にどこまでが食べられて、どこまでが食べられない部分かということを考え、実際の評価をしないといけない。「廃棄率」というのは、そういう意味でありまず。たとえば、ユリ根で一五パーセントというのは、ユリ根の重さの一五パーセントは食べられない部分ですよということです。それからクズは九五パーセントとあります。クズ根掘りというのは斜面を掘るたいへんな仕事です。クズイモと称する根っこを掘り、それをすって、水さらしをして澱粉を取る。その過程で九五パーセントの重さに当たる分はなくなってしまう。澱粉として取れるのはたった五パーセントということです。以下同じでカヤ、オニグルミは三〇パーセント、七五パーセント。これは要するにカヤの殻の重さが身の重さ全体の三〇パーセントくらいになる。クルミというのは、果物屋の店先で売ら

表5　縄文時代主要食料の廃棄率とカロリー

食料の区分	食料の種類(各1kgとして)	廃棄率(%)	可食部分(g)	食料の100g当たりカロリー(kcal)	種類毎の可食部分のカロリー(kcal)	食料の区分毎の合算カロリー(kcal)	植物食と動物食のカロリー比(kcal)
根菜類	ユリ根	15	850	128	1,088	2,976	12,631
	ヤマノイモ	15	850	120	1,020		
	クズ(デンプン)	95	50	336	168		
	カタクリ(〃)	80	200	350	700		
種実類	カヤ	30	700	612	4,284	9,655	
	オニグルミ	75	250	672	1,680		
	クリ	30	700	180	1,260		
	トチ	35	650	374	2,431		
魚類	カツオ	35	650	137	890.5	2,823.5	6,348.4
	サケ	40	600	141	846		
	マダイ	55	450	101	454.5		
	スズキ	45	550	115	632.5		
貝類	アサリ	85	150	63	94.5	628.4	
	カキ	75	250	96	240		
	ハマグリ	75	250	64	160		
	シジミ	87	130	103	133.9		
鳥獣類(肉)	イノシシ	47	530	147	779.1	2,896.5	
	シカ	43	570	112	638.4		
	マガモ	35	650	126	819		
	キジ	50	500	132	660		

出典：鈴木公雄「縄文時代論」(『日本考古学を学ぶ3』有斐閣選書、1979年)

れている栽培グルミではなく、野生グルミのことです。これは、圧倒的に殻が重く、実の重さは二五パーセントぐらいしかありません。つまり、廃棄率をみることによって、どの食物が一番効率良く食べられるかということがわかるわけです。一番ダメなのは貝類です。

たとえば一キログラムのアサリをとっても、その八五パーセントは殻の重さでありますから、身はたったの一五〇グラムしかないということになります。したがって、表3にありますように、アボリジニが食物の中で最も多く貝類を持ち込んでいるということの理由もおわかりになると思う。二三九キログラムを持ち込んでも食べられるのは五〇キログラムしかない。これはだいたい七五パーセントくらいが捨てられるということになります。

廃棄率に関して注意しなくてはならないのは、魚や鳥獣類の場合で、これは現代のわれわれのそれと一致するとは限りません。お年寄りの方はご存知だと思いますが、魚の骨をお湯にひたして、そのおつゆを飲む「骨湯」というのは、私の小さい時、祖母に「おまえもおやり」と言われたのを覚えています。はらわたに関しましても、どこまで食べるかは文化的選択ですから、今日の基準で必ずしもはかることはできません。この表に出ている廃棄率は、科学技術庁(現文部科学省)が出している「日本食品標準成分表」によるもので、現代の基準ですから、縄文時代には廃棄率がもっと小さかったと考えて良いわけです。しかし、貝殻やクリのイガや殻は、いつの時代の人でも食べられなかったに違いありませんから、貝類や種実類については今も昔も変わらないといえましょう。

さて、そこから「種類毎の可食部分のカロリー」が計算できることになります、ユリ根を一キログラム持ってくると、食べられる部分が八五〇グラム、カロリーが一〇〇グラム当たり一二八キロカロリーだから、一〇八八キロカロリーが入手可能であるという具合です。そして、ユリ根、ヤマイモ、クズ、カタクリを一キログラムずつとってきて、それぞれ摂取したとすると、だいたい三〇〇〇キロカロリーくらいの熱量が得られるということがわかります。そのようにして、それぞれの代表的な食料四種類ずつをまとめてみると、食料の評価というものがかなり明確になってくる。根菜類はだいたい三〇〇〇キロカロリー、種実類は一万キロカロリー、魚は三〇〇〇キロカロリー、貝類はずっとへこみまして、魚の四分の一ないし五分の一ぐらいの六〇〇キロカロリーそこそこ。カロリー的には貝類はあまり頼りにならないといえます。そして、鳥獣類は、三〇〇〇キロカロリーぐらいです。興味深いのは、根菜類、魚類、鳥獣類は、だいたい同じような数値にとどまっているのに対し、種実類は飛び抜けてプラス。一方貝類は飛び抜けてマイナスであるということです。これを視覚的におわかりいただくようにしたのが図1の棒グラフです。これを見ていただくと、縄文人の何に主たる依存度が高かったかということの想像が可能となってくる。図1の棒グラフをごらんいただきますと、それぞれの食物の占有率がわかります。

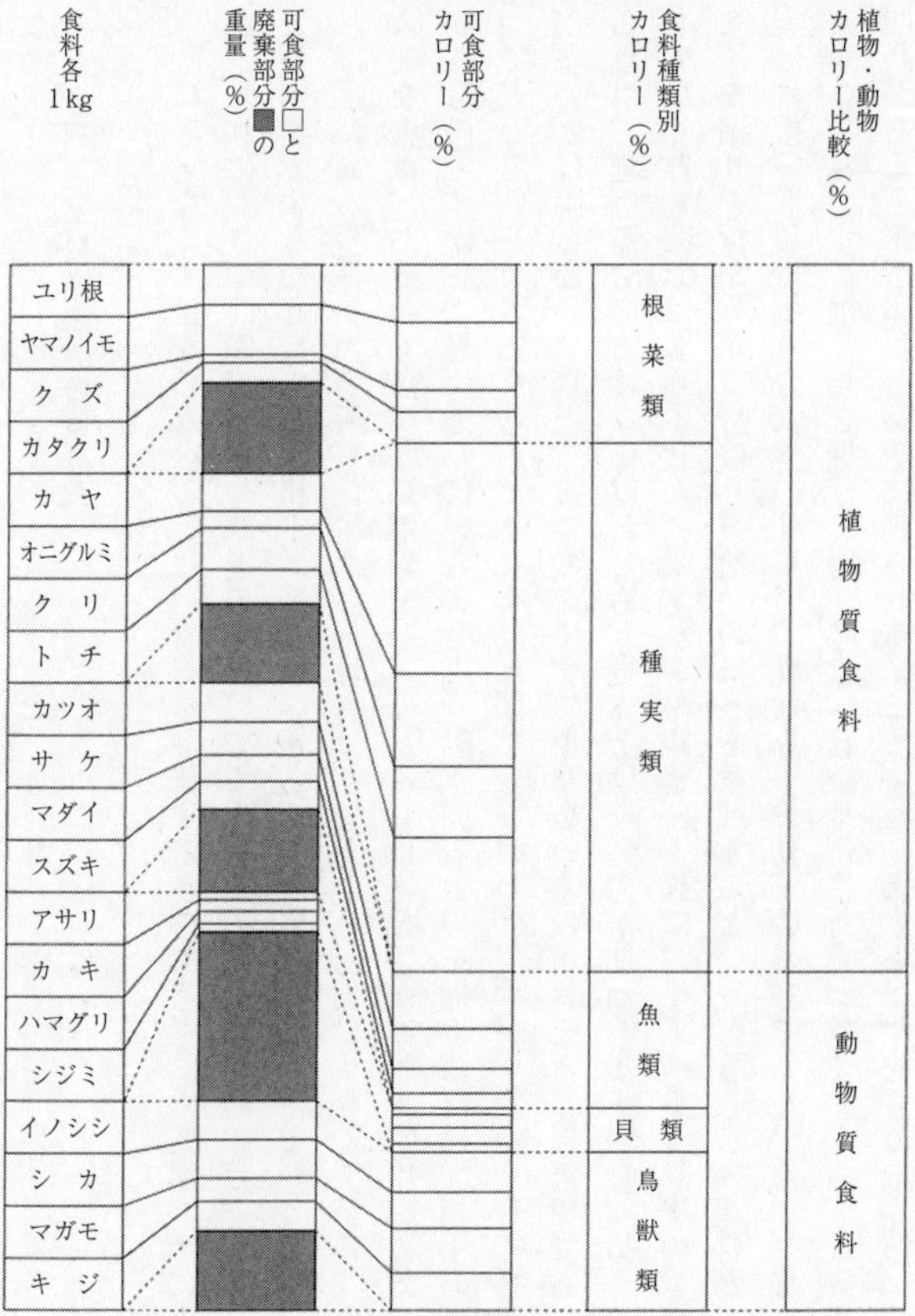

図1　縄文時代主要食料の廃棄率とカロリーの比較

六　食料獲得の難易度

次に考えなくてはならないことは、食料を評価する時のもう一つの基準、手に入れやすさ、入れにくさの問題、つまり調達の度合いです。一番調達しやすいのは、おそらく貝類と種実類です。なぜならば、相手は動かないから、こちらから出かけていって拾いさえすれば手に入る。採集の場所が住居から近ければ、なおさら労力は少なくて済みます。一番大変なのは、おそらく魚類と鳥獣類でしょう。これは、相手が海中や空中、陸地で動いているものですから、思い通りにいきません。動き回るものを捕えるには、相手の習性を知って、いろいろな装置を考えたりしなければならないわけですが、労多くして必ずしも益が多いとは限らない。以上、二つのタイプの中間をいくのがおそらく根菜類であります。これは、逃げるものではないけれども、掘るという労力が加わりますから、拾うことよりも少なくとも楽ではありません。ミーハンの観察によれば、オーストラリアのアボリジニもイモ掘りを行なうが、やはり貝拾いのほうを歓迎するというおもしろい報告があります。実は貝拾いもイモ掘りも女性の仕事で、乳飲み子や幼子の子守をしながら、採集するのは大変なことです。根菜類を掘りに行く時は、丘陵地帯に行くわけですから、茂みや地形に凹凸がある。下手するとハチに刺される。そういうことから子供を守りながら、労働をしなくてはなりません。一方貝は、平らな砂浜でとるわけです。干潮の時に行くと砂地が露出しているか、せいぜい大人のすねぐらいの深さですから、子供が溺れるということも、サメに襲われるという心配もない。第一見晴らしが良いので子供がどこで遊んでいても発見できる。貝をとるのは、単に労力が少なくて済むということと同時に、こういう事情があって、イモ掘りよりも好まれるわけです。それから子供は子供なりに貝を集められる。力の弱い者も、それなりに生産性をあげることができる。もちろんアボリジニは、普通の熟年の女性が二時間かけて採集すれば、その日一日に必要なカロリー量に達するぐらいの貝はとれる。彼らはその仕事を済ませると、あとは村へ帰ってきてブラブラする。一方、ハンティングは特殊な技術や経験、体力がなければできません。こういうことを知るに及びまして、実に自然というものはうまくできているとつくづく思いました。つまり、カロリーが低く、したがって大量にとらなくてはならない食物は、手に入れやすい状態にある。神様というものがもしあるとすれば、非常にうまい配合をしてくださっているものだと私は考えたわけであります。

それぞれの食物を入手するさいの長所と短所というものがここで考慮されねばならない。そういうものを考慮してこれらの表を見てみると、縄文人が最も頼りにしていた食物が、ある程度推定できます。それは、種実類であろうと考えられます。種実類は、収穫期が非常に限られています。一定の時期に木からドッと落ちてくる。それをうまく採集して保存するのが可能であるとすれば、非常に安定した食料源になることは想像にかたくないわけです。しかも、先ほどの表4で申しあげたとおり、この中には脂質、タンパク質源として有効な木の実と、澱粉供給源として有効な木の実と二種類ある。すなわち、種類において豊富であり、かつ採集が比較的容易であり、かつ栄養効率がいい。こういういろいろな条件の中で最も有利な条件を持っているのが種実類であろうと考えられます。このように見てまいりますと、縄文人はアボリジニよりは、むしろクン族に近い形の食生活の構成を持っていたのではないかと考えられる。つまり、縄文人にとって、資源の中で一番なくなったら困る食物は木の実だったに違いありません。森林が破壊されてしまうことに、一番脅威を感じたに違いない。海辺の人々にとっては、貝がなくなるということは死活問題になる可能性があるかも知れないけれども、縄文人は海辺だけに住んでいたのではなく、中部山地や東北地方の内陸部に、非常に多くの遺跡が発見されており、彼らが山地にも住んでいたことを示しています。ですから、海からの食料源を断ち切られても、生活を脅かされる根本的な原因にはならなかった。危機が来るとすれば、森林が破壊されて木の実がとれなくなるという時だろうと思うわけです。ただし、貝類は先ほど申しあげましたように、非常に便利な食物でありますから、縄文人にとって、まさかの時の保存食的な意味を持っていただろうと思われます。

七　食物の季節性

さて、縄文人の食物を考える時、もう一つ重要な点は、いつとれるかということです。木の実は秋にだいたいとれますね。秋にとってうまく貯蔵しない限り、他のシーズンにはほとんどとれないので、一年中困るということも起こり得ます。魚でも、種類によって回遊してくる時期が決まっています。つまり、食物には必ずとれる時期と、とれない時期、すなわち季節性、サイクルがある。そのサイクルがはずれたところでは、いくらとろうと思ってもとれないことになります。今日のわれわれの食品の大きな進歩は、この季節性を食品から追放しつつあることにあります。冬でもメロンが食べられる。しかし、自然の中の食品を採集するという、獲得経済の中では、季節性が一番重要な問題です。

そういう意味で見ますと、種実類というのは明らかに、ある種の限界を持っている。動物質の食料、魚類についてもそうである。しかし、そういう季節性が最もない食品は、貝類なのであります。貝類は、産卵の時期に毒を持つ。Rのつく月以外カキは食ってはいけないということが言われますが、Rのつく月というのは、九月から四月まであるわけであって、半年以上は食べられるということになります。こんなに長い間食べられる食物というのは珍しい。貝類は時知らず的な意味を先史時代には持っていたと思われます。貝塚が作られたのも、貝がとりやすい食物だったことと、一年中のかなり長い季節にわたってとることができた、という、二つの利点によるものでしょう。それが縄文時代の全体の食生活の中で、かなり役に立つ部分もあったからこそ、二五〇〇とか三〇〇〇とかの数の貝塚が日本列島上に残されたのでしょう。

このように見てまいりますと、縄文時代の食物のカロリーと栄養のバランスは、意外と理想的な形だったという感じがしてくるわけです。要するに、彼らの食料獲得の方式は、かなりの安定性を持って存在した。そして、その内訳も、かなり理想的な栄養のバランスの上に立っている。そう考えて良いだろうと思われます。しかし、なお縄文人の食生活と今日のわれわれのそれと、違っているものがあるとすれば、それは何か。それは、彼らの食料事情の中で、一つの食物に寄りかかっている度合いが、われわれほど強くなかったと考えられる点です。種実類が非常に大きな食料源としてあり、これが彼らの危急存亡にかかわっていただろうということは、ある程度言えますが、ほかにもいろいろな食料があって、それらが寄り集まる形で食生活を形成していたと考えられるのです。縄文型の食生活の基盤は、おそらく四本も五本もの柱で支える家のようなものであっただろう。それに対して現在のわれわれの食生活は、穀物に非常に大きなウェートがかかっていて、穀類生産がおかしくなってくると、屋台骨がゆらぐような基盤にあるのではないか。われわれの食生活の支柱は、穀類というせいぜい一本か二本のものでしかない。

八　今日的食料問題

おそらく自然のいろいろな変化、火山の爆発や、海流の変化が、縄文人の局部的な生活の変動に大いに関係があっただろうということは予想されます。しかし、それが縄文人の食料源の全てを根絶やしにすることはなかった。一つの食料源がダメになっても、別のものをちょっと広げていくことによって、その隙間を埋めることができた。それが、縄文時代の食料事情に関する私の基本的な理解であります。ですから、今日のわれわれよりも別な意味の安定性があるという言い方も決して不自然ではない。今日のわれわれは、食料基盤の問題について、あまり云々しないですむような生活を毎日しているわけでありますが、実際にそれが引っ繰り返ったらたいへんなことになるのではないかと思われます。戦後の一時期、私もドングリの粉を食べたことがあります。トウモロコシの粉で焼いたパンを一生懸命食べて育った。少年時代はそういう生活をいたしました。今の子供たちなどは、冷蔵庫を開ければ、何でも中に入っていると思っているわけで、これが今日の一般的な食料認識であります。私たちが調査に出かける時、学生が食い物を残すんです。これが私はたいへん気に入らない。私は本質的に食えるものを下げることは絶対にできないのであります。何としても食うわけです。食えないと見通しがついたものには箸をつけない。これが生活の非常に重要なものであると私が子供に言うのですが、「自分でお金を出して買ったものなんだから、食うも食わないもこっちの勝手じゃないか。だから親父は古いんだよ」なんてことを言う。要するに、私が縄文時代の食料事情にかなり興味を持ち出したというのは、そもそも食物がなくなった時に人間はどうなるか、ということを一番身にしみて育った後遺症があって、それが、私をこういう研究に走らせたからではないかと思うのです。どんな立派な文化であれ、食料基盤が失われれば滅びてしまうのです。生存の重要な要素が失われた時には、どのような文化でも瓦解せざるを得ない。これは、今日的な問題としても言えるわけです。食料というものは決して合成できない。自然の生産性の中でその原理を使わない限り展開できないのだということは、いくら食料革命が進んでも鉄則であると思います。自然の生産性と、それを利用する人類の文化というものの中に、どういう関係を成立させていくかということ。これが将来に向けての非常に大きな問題であると私は考えております。

人類が、最も良い時代を経過した先史時代——ここではたまたま縄文時代を一例としてとりあげたわけですが、人間が自然といかにつき合っていくか、自然の力の中に自分たちの生活をいかに適合させ、その中からどのように剰余を生み出していくか。この関係は人類の長い歴史の中で最も長期にわたって行なわれていた。人類の歴史の九〇パーセントは、農耕以前の社会でありました。そこで行なわれていた人間と自然のあり方、そこでどんな形で人間が自然の中から生産物を汲み出していったか。それを、食料というものを中心に考えるということは、私にとっては非常に今日的問題に思えるわけです。獲得経済というものが、それなりに自然のありように生活を適応させていくという、一つのバランスのとれた社会を成り立たせていたということを再発見することは、われわれにとって必要なことなのではないでしょうか。

九　縄文食の伝統

問題は、縄文人が何を食べていたかという興味本位の話よりも、そうした古い時代の自然と人間の関係の中で食料を見直すというところにあります。そういう意味で、最後に、縄文人の食物が伝統として今日、どのくらい残っているのだろうかということをお話しして終わらせていただきたいと思います。われわれが今日いただいております伝統的な食物は、だいたいにおいて稲作渡来以降に形成されたものであります。ただ、その中のいくつかは、おそらく縄文時代に淵源を持つだろうと考えられる。昆虫食などは早々とすたれてしまいましたが、水産資源に対するわれわれの嗜好《しこう》は、弥生時代以降にできたものでは決してない。むしろ縄文時代に確立したものであると考えられます。民俗学の多くの事例の中で、コメ以外に伝統的に重視されているものに、イモがあります。これは、縄文時代に遡る伝統をになっているに違いない。ただし、日本人は割に新しいものを積極的に取り入れる文化的行動をする民族ですから、食生活は、いろいろな後の時代の影響を受けていますので、ルーツがどこにあるのかわからないような形になる。しかし、かなりの部分は縄文時代に遡れると私は考えております。

その中で特に、今回こういう席をお借りいたしまして、皆さまにお願いをしたいことがあります。日本の古い調味料の一つに「魚醤《ぎょしょう》」というものがあることがわかってまいりました。これは、魚を塩漬けにして醱酵させ、その汁を絞りまして一種の旨味《しみ》とする。現在でも、能登半島、香川県、秋田県に残っています。能登半島のものは、イシルないしはイシリ、香川県のものはイカナゴ醬油、それから秋田県のは、皆さまご存知でしょう、しょっつると呼ばれています。これは、いずれもイワシやイカナゴなどの小魚——能登ではイカ——を使います。「魚醤」という字を書くのでありまして、日本のものだと思っておりましたら、実は、いろいろなところにあります。一つはベトナムで、ニョクマムという。南の方ばかりでなく、カムチャツカやベーリング海峡地域に住んでいたカムチャダールやチュクチというエスキモーの親戚のような北方の狩猟・漁撈民も、このような調味料を使うことが記録されています。最近中国から来た考古学の先生をつかまえて聞いてみたら、山東半島ではカニで作る。広東、福建にもあるかも知れないと教えてくださいました。ベトナムに近い地域ですから当然あのあたりにあってもいい。そうこう調べておりますうちに、この調味料は古典世界にもあったということがわかりました。ギリシア・ローマに、ガラムと呼ばれる、魚を腐らせて作るソースがあった。これが今日でも、アンチョビー・ソースとして残っている。ガラムというのはサバを使うものなんですが、内臓だけを使って作る。安いものは身も使うらしいのですが、とにかく、はらわたを腐らせてソースを作る。そうなりますと、これはかなり古い時代、水産資源の魚を利用する方法として、広く一般的な方法であったと思えるわけであります。最近も、アメリカの大学のドクター論文に、三〇〇ページにわたるアンチョビー・ソースの論文を見つけました。

日本の醤油にもどりますが、この「魚醤」は古い段階の醤油で、大豆の醤油が出現することで駆逐されたんだろうと私は思っております。なぜならば、大豆は戦国時代に盛んに栽培されたが、これは人間の食物としてよりも、むしろ軍馬の飼料でした。当時の文書を読むと、これだけのものを植えろとか、これだけの穀高を納めろというようなことの中に必ず「大豆いくら」と書いてあるそうです。ところが、江戸時代以降になりますと、軍馬に対する飼料として大豆は、それほど大きな需要は持たなくなって来る。その頃に、野田や銚子など、関東の大豆生産圏の近傍で交通の便の良い所に、今日の醤油産業のもとが出てきた。それ以前は、大豆から醤油を作る作り方は伝わっていただろうけれども、一般の庶民は、魚醤を使っていた可能性があったのではないか。能登や秋田に残っているものは、その一つの伝統を伝えているものではないかと考えられます。醤油およびその他の調味料にかかわる古い痕跡が今日どこまで残っているか。もし、そういう事例をご存知の方がいらっしゃいましたら、教えていただきたいと思うのであります。縄文時代にも、イワシやイカナゴやカタクチイワシなどの小魚を非常に大量にとっており、その骨は貝塚から出ています。その骨は小さいですから、もちろん絶対量として必ずしも大量とは言えないかも知れませんが、無視できない量で出てまいります。そして、魚は、ただそのまま食べるというだけではなく、何らかの別の調理、保存の方法があったのではないかと私は長らく考えてきたのですが、なかなかうまい解釈がなかった。そうこうしているうちに先ほどの「魚醬」のことがわかってきた。一つの可能性として、そういうものが縄文時代に、かなり作られていて、海辺の地域では海水を使って作ることができたのではないか。そういうものが、今日まで伝わる魚醬のもとなのではないかと、私は最近考えております。

このテーマは、もっと資料を集めて追跡しないといけないだろうと思っています。けれども、これは、私ひとりの力でできるということはないので、どなたかご存知の方がありましたら、ぜひ教えていただきたく存じます。いろいろと話題がとびましたが縄文人の食べ物について、お話ししたことをご理解いただければ幸いでございます。

よみがえる縄文の文化伝統

一　縄文時代のイメージ

光と影

「およそひかりを与える為には暗い反面の影が必要である。弥生式文化を説く為には、それと異る縄文式文化を拉し来って、両者の性格を比較することが必要でないまでも至便だ」

「今日の日本人の大半は農業民である。未だ農業型を脱しきらない現在の文化から、同じく農業型である弥生文化を顧みる時、『万葉集』がクラシックであると同じ意味のクラシックを感じ、『万葉集』が近代性に豊むというのと同じ意味での近代性を感じる。これは日本では、農業民の世界観を遥かに弥生式の時代にまで遡らしめてよいことを意味している。反之、縄文式文化には異った世界観が横って居り、其の世界観は今の吾々には完全に忘却された性質のものの様である。世界観を共通にするものと、これを異にするものとの差は、われわれにとって至極の差だ」（森本六爾「弥生式文化――Pensées 風に――」『ドルメン』四―六、一九三五年）。

これは若くして世を去った弥生文化研究の先達者の一人である森本六爾の弥生文化に関する断章の冒頭の一節である。森本が本格的な弥生文化の研究を開始して以来ごく最近に至るまで、縄文文化と弥生文化はここで森本が述べているような歴史的位置づけの中におかれていた。全体として同一な文化内容を保持し、停滞性を伴ったゆるやかな発展をとげつつも、それ自身では歴史の転換を行なうにたるダイナミズムを形成しえず、ついには新来の弥生文化によって時代の転換が行なわれたと藤間生大によって描き出された縄文文化像は、まさに森本のいう弥生文化の影としての役割を十二分に果たしていた。つまり、いわゆる縄文文化ゆきづまり論ないし食いつめ論の多くは、こうした性格を持っていたし、また反対に、縄文中期農耕論は、弥生文化の光に対して、縄文文化そのものの中に認められる光輝ある部分に対しての積極的な、しかし、やや荒けずりな評価を加えようとした試みといえるだろう。このようにみるとき、森本の描き出そうとした縄文・弥生両文化のイメージは、今日においても十分に通用する影響力を保持しているといわねばならない。

近年の調査成果

しかしながら、考古学調査の進展は、以上のような縄文文化像の修正を迫るような新しい発見を次々ともたらしている。実例でこれを示せば、福井県三方町《みかた》（現若狭町《わかさ》）鳥浜貝《とりはま》塚からは、きわめてすぐれた漆製の櫛、木製の皿や浅鉢、石斧の柄、飾り弓、丸木弓など、きわめて多種多様の木製品が出土し、縄文時代前期という時代のイメージを一新した。さらに、ヒョウタンの果皮、リョクトウ、エゴマ、シソといった植物の種子も発見されており、これらが鳥浜貝塚人によって積極的に利用されていたものとすれば、縄文時代の前期において、縄文人はすでに植物管理ないし半栽培の経験を持つに至っていたことになる。これは縄文時代の人間―植物関係を知るうえでも、またのちの弥生時代の農耕の構成と、そこへの連続性を考えるうえでも、きわめて重要な問題といえる。

長野県原村・阿久《あきゅう》遺跡（縄文前期）の一五〇×一〇〇メートルの立石・列石を伴うドーナッツ状の大環状遺構の発見は、別の面から縄文時代の前期のイメージを改めさせるものである。縄文時代の大規模な宗教的遺構は、秋田県鹿角《かづの》市・大湯遺跡（縄文後期）や、山梨県都留《つる》市・牛石遺跡（縄文中期末）の大規模な環状配石などからもわかるように、縄文時代の後半になって発達する文化特徴と考えられていたが、阿久遺跡の列石群の発見は、すでにそのような遺構が前期において確立していたことを示すものである。このことは、縄文人の精神世界の発達が思いのほか早く、かつまた奥行の深いものであったことを考えさせる。この点は土壙墓《どこう》、方形柱穴列、住居址等が環状・同心円状に配置されていた岩手県紫波町・西田遺跡（縄文中期）や、巨大な土偶頭部や彫刻の施された丸太などを出土した岩手県盛岡市・萪内《しだない》遺跡（縄文後晩期）、さらには仮面の一部に着装したとみられる土製の耳、鼻、口などが出土した岩手県北上市・八天《はってん》遺跡（縄文後期）などの事例からもうかがえる。

これらの遺物を製作し、使用した縄文社会の構成という点においても、近年の調査は実に多彩な成果をあげている。縄文集落は四〜五軒の竪穴住居址が環状に分布する、いわゆる馬蹄形集落ないし環状集落の形をとるのが一般的だが、いくつかの集落においては、一般の竪穴住居よりもとび抜けて大型の住居が発見される。これらは「巨大竪穴住居」ないしは「ロングハウス」と呼ばれ、最初にこの住居址が発見された富山県朝日町・不動堂遺跡（縄文中期）においては、長軸一七×短軸八メートル、床面積一一五平方メートルの規模を有する。さらに秋田県能代市・杉沢台遺跡（縄文前期）の事例では長軸三一×短軸八・八メートル、床面積二二三平方メートルという大きさを有する。もっともこれらの大型住居は当初からこれだけの規模を有していたのではなく、長軸方向にそって数回の拡張が行なわれた結果、このようなサイズになったことがわかっている。しかし、内部に複数の炉址とピットを持つこの住居が、一般の竪穴住居とは異なった機能を持っていたことは十分考えられる。この点については、これらの大型住居址の分布が多雪地帯にあることから、冬ごもりのための拠点的施設であったとする渡辺誠の見解がある（「雪国の縄文家屋」

『小田原考古学研究会会報』一九八〇年）が、一種の宗教的行事ないし祭儀場であったとする考えも存在する。この点で注目すべきものは、千葉県千葉市・加曽利《かそり》貝塚（縄文後期）で発見された長軸一九×短軸一六メートルの巨大竪穴の存在である。この竪穴は周壁にそって等間隔に柱穴が三重にめぐり、巨大な上屋根を有していたとみられ、さらに床面から土偶片、石棒三、異形台付土器三が出土した。加曽利貝塚の住居は先の二例とは異なり、後期であること、また円形に近いプランを持つが、明らかに特殊な祭祀遺跡であることはまちがいない。巨大な住居が集会場ないし儀礼の場として用いられた例は多数あり、縄文時代にもそのような機能を持つ建造物があっても不思議ではない。

縄文文化研究の多様化

縄文文化像の修正が迫られているのは新発見の遺跡・遺物からだけではなく、縄文文化の研究全体が著しく多様化してきたことにもよっている。それらの研究は自然科学的な分析方法をその基礎に持つもの、統計学的な手法を用いるもの、民族学・人類学の視点と方法をとり入れているもの、さらにはそれらの複合したもの等々いろいろな研究がある。これらの研究の活発化をうながすうえで意義深かったのは、昭和五一〜五三年と、五五〜五七年の二回にわたって行なわれた文部省科学研究費による特定研究「自然科学の手法による遺跡・古文化財等の研究」および「古文化財に関する保存科学と人文・自然科学」であろう。この特定研究は、年代測定・古環境・生業・技術と技法・産地同定・探査と調査法・保存と修復といった考古学全般にわたる分野がとりあげられたが、縄文時代に関連する研究としては貝殻中の酸素同位体比による古水温・古環境の復元、花粉分析、プラントオパール分析による植物遺物の研究、遺跡出土の植物種子の同定、魚骨・獣骨組成の分析と年齢・体長・季節性等の推定、石器原産地（とくに黒曜石、サヌカイト等）の推定、土器の胎土分析と微量成分による産地推定、考古遺物・遺構の統計学的分析、石器使用痕に関する研究、漆文化財の分析といったテーマがあげられる。これらの研究を通じて、縄文人の種々の活動と自然環境のかかわり、縄文人の自然資源の利用状況、それらの物資の交流、といった点が具体的に明らかになってきた。

統計学的分析による縄文文化の研究は近年著しい進展をみせているが、小山修三による遺跡分布に基づく縄文時代の人口推計は、縄文時代の人口動態についていくつかの興味ある問題を提起した。小山の推計によると、縄文時代の総人口は早期二万、前期一〇万五〇〇〇、中期二六万一〇〇〇、後期一六万、晩期七万五〇〇〇、弥生五九万五〇〇〇、土師五三九万九〇〇〇となり、早期から前期にかけて人口が五倍のび、中期でピークに達したあと、後期から晩期にかけてふたたび落ちこみ、弥生時代に入ると縄文最盛期の二倍以上の人口増がみられ、古墳時代以降には、弥生人口の約九倍にのびることが示された。また、縄文時代の地域・時期別の人口密度の変化のパターンをみると大きく三つに分かれる。まず、中期に著しい人口増がみられ、後晩期にまたそれが激しく落ちこむ東海、中部、関東、次には、全期を通じてそれほど大きな人口変動がなく、しかも人口の増加がゆるやかな近畿以西の西日本各地、さらに、中期に人口のピークを持つが、後・晩期にさほど人口の落ち込まない北陸と東北というグループが存在する。このような小山の人口推計法は、遺跡分布を基本としている点でいくつかの問題はあるものの、縄文時代の人口の動態をはじめて明らかに示したという点で注目すべき成果といえる。とくに、このような人口の動きと、従来から知られている縄文時代の遺跡・遺物に基づく文化動態とは基本的には一致しており、今後はかかる文化動態の背後に存在した当時の文化的・社会的・経済的変化を明らかにすることが必要だろう。

人類学・民族学の知見と、考古学上のデータをいかに結びつけて解釈するかは考古学研究における古くかつ新しいテーマだといえる。日本の考古学、とくに縄文時代の研究においては従来あまりこの種の研究が考古学の立場からは行なわれなかった傾向があったが、大林太良の「縄文時代の社会組織」に関する意欲的な研究に触発される形で、いくつかの新しい視界もまた開けてきた。また、欧米の人類学研究におけるいくつかの現存する伝統的文化集団にみられる生業活動の実態についての詳細にわたる観察と分析の結果は、獲得経済を営む集団の生活というものが、かつて考えられていたほどに不安定なものではないということを明らかにした。これは同じような獲得経済を営んでいたとみられる先史時代の集団の生活実態を推察するうえでも大いに参考とすべきものである。とくに、サケ・マスや木の実類、魚貝類など、多方面にわたる自然の資源に恵まれていた縄文時代の生活実態を考えるさい、重要である。筆者を含めて、最近の縄文時代の生業に関する研究の多くは、縄文人の生業が、水・陸の各種の資源をたくみに利用し、それらを季節ごとに採集・捕獲するという季節性を確立していたこと、そしてその結果として考えられる縄文人の生活は、狩猟・漁撈・採集といった獲得経済の段階にありながらも、かなりの安定した内容と、栄養上の水準を保っていたことを明らかにしている。このように従来いわれていたような縄文時代のイメージとは異なった、新しい縄文時代像を打ち立てる必要のあることを最近の成果は示しているといってよいだろう。

二　縄文の文化伝統

漆工芸の起源と発達

縄文時代が、弥生文化の明るさを強調させるためだけの影であるという位置づけをはなれ、また、弥生の文化伝統こそが今日のわれわれにつらなる文化伝統であるとする一方的な理解を正すためには、縄文文化の伝統が、形を変えこそすれ、今日のわれわれの文化の中に、どのように継承されているかを確認することからはじめなければならない。この点を明らかにする実例の一つに、縄文時代の漆《うるし》工芸の問題がある。

　漆工芸が日本の伝統的産業であることは周知のことだが、その起源は日本ではなく古代中国にあり、古代日本にその技術が仏教美術の一部として伝来し定着したのだとするのが従来の一般的な見解だった。しかし、こうした考えでは説明のつかない考古学上の事実が、実は戦前から存在していた。それは昭和初期に調査された青森県八戸市・是川泥炭層《これかわでいたんそう》遺跡（縄文晩期）出土の漆製品である。それらは漆塗飾弓、漆塗飾太刀、漆塗木胎脚付杯、漆塗櫛《ぐし》、漆塗耳飾、漆塗腕輪、籃胎漆器《らんたいしっき》といった多種多様の漆製品からなり、しかも赤漆・黒漆といった、いわゆる彩漆（彩色された漆）を含むものであった。発見当時には、これほどすぐれた漆の技術が日本の石器時代に独自に存在していたとは信じがたかった。このため一部の学者は、東北地方を中心とした北日本では石器時代が後の歴史時代に至るまで残存し、これらの漆技術は、奥州平泉《ひらいずみ》に藤原氏が栄えたころに、その周囲に残存していた石器時代住民が日本文化から学んだものかも知れないと考えたこともあった。

　この考えは、縄文時代の編年学的研究の進展に伴ってのちには否定されることになったが、縄文時代の後半には、すぐれた漆の技術が存在し、これをいかに解釈すべきかは謎として残されることになった。戦後の考古学研究の進展によって、青森県木造町（現つがる市）・亀《かめ》ヶ岡《おか》遺跡（縄文晩期）、千葉県横芝町（現横芝光町）・高谷《たかや》川《がわ》遺跡（縄文後期）、宮城県一迫町《いちはさま》（現栗原市）・山王《さんのう》遺跡（縄文晩期）など、東日本の縄文時代後・晩期の遺跡から優れた漆製品が多数発見され、縄文時代後半期の東日本には高度な漆加工の技術が存在することが確実となったものの、その技術が、縄文文化の中で独自に開発されたものであるのか、また弥生時代以降の漆技術といかなる結びつきがあるのか、といった問題は依然として不明確なまま持ちこされた。

一九七八年に行なわれた福井県・鳥浜貝塚の調査により、縄文時代の漆工芸の起源がきわめて古いものであることが明らかになった。鳥浜貝塚からは漆塗木製櫛と、漆塗木製椀、漆塗土器片などが出土した。この発見により、漆工芸が縄文時代の前期後半にはすでに存在していたことが確実となった。しかも、赤色や黒色の顔料を加えた赤漆・黒漆といった、いわゆる二彩の漆がすでに用いられている点が重要である。漆に顔料を加えて発色させた彩漆を作り出すためには、漆の木から採取した漆の原液（生漆《きうるし》）を一定の温度に保ちながらゆっくりと攪拌し、含まれている水分をとりのぞく、いわゆるくろめと呼ばれる精製工程が必要だといわれている。してみると、鳥浜貝塚の縄文時代前期の漆製作技術は、すでに一定の技術体系を確立していたとみなくてはならなくなる。このことは、縄文時代の前期よりもさらに古い時期に漆工芸の技術がすでに開発されていたことを示している。つまり、縄文時代の漆工芸の起源は、縄文時代の前期よりもさらにさかのぼる可能性がつよいということを、この鳥浜貝塚出土の漆製品は物語っているのである。

こうしてみると、漆の技術は日本の縄文時代に古くから存在した固有の文化伝統の一つであった可能性が考えられてくる。漆の木そのものは中国から東南アジアにかけて広く分布しており、とくに中国の漆と日本の漆は同系であるといわれるから、縄文時代の前期ごろに、中国大陸から漆の技術が日本の縄文文化に伝わったとする可能性もないわけではないが、現在までのところ、鳥浜貝塚よりも古い年代に中国において漆の技術がすでに存在していたか否かは不明である。おそらく、日本の漆工芸の基礎は縄文時代に確立し、弥生時代を経て後の歴史時代にまでその技術は伝えられていったものとみられる。そして、古墳時代の後半から奈良時代にかけて、中国で高度に発達した漆工芸のさまざまな技法が伝えられたとき、これら新来の漆技術を受け入れるための受け皿として役立ったものとみなすことができるだろう。かくして、今日の日本の伝統工芸を代表する漆工芸の中には、形こそ変われ、縄文時代いらい脈々として伝えられた漆の文化伝統が流れていることを知るのである。

食の伝統

いかなる文化にあっても、食物の確保と安定供給はその存立の基礎をなす。このため、それぞれの文化集団においては、とくに自然の産物に依存する獲得経済を営んでいた人々では、居住する地域の自然が産する食物の確保と利用になみなみならぬ努力をかたむけてきたのであり、縄文人もその例外ではない。この点で日本列島の持つ自然の豊かさにまず注目しておくべきだろう。日本列島は山地・盆地・丘陵・平野・湖沼・河川・海岸線などによって地形が小さな地域に区分され、それらが複雑な形で入り組んだモザイク状に分布している。さらに山地から海岸線に至るまでの高度差が大きく、その間における動物・植物の分布に多様性がある。縄文人たちはそうした小地域の中に産するさまざまな自然の恵みを自らの糧として生活を営んできた。海岸・河川に近い集団は魚・貝類をはじめとする水産資源を利用し、そのほとんどは今日のわれわれの食料としていまだに利用されている。平地・丘陵に住む集団は豊かな日本の森林のもたらすさまざまな恵み、ドングリ類・トチ・カヤ・クリ・ハシバミ等の木の実類から、ヤマノイモ・クズ・カタクリ・ユリ根といった根菜類を大いに利用したことであろう。これらのうちの木の実類は、江戸時代から最近に至るまで、稲作が打撃を受けたときの救荒食料として、また稲作のできないような山村における重要な食料源として活用されてきたのである。

おそらくこの日本列島に住んだ人々の中で、縄文人ほど日本列島の自然を深く知り、また利用できた人々はいなかっただろう。弥生人はむしろ水田を作り林野を開き、今までの日本の自然を別の形に作り変えていった人々である。いわば日本列島の自然の破壊の第一歩を刻したのが弥生人であり、その延長上に今日のわれわれもつらなっている。これに対して、縄文人は日本の自然の中から、さまざまな有効な資源をとり出し、今日のわれわれの文化伝統の中に加えていったのである。近年、縄文時代の遺跡から、ヒョウタン・エゴマ・ウリといった植物の遺体が発見されており、これらは何らかの形で縄文人が利用していたものと考えられる。先の漆の例と考え合わせると、縄文時代においては、食料に限らずさまざまな植物の利用に関する知識が蓄積されていったと考えられる。その中には、人間と植物の新しい結びつき、つまり、単に自然に産する植物資源を採集して利用するだけでなく、人々にとって役に立つ植物をより利用しやすくするため、その植物に対するある種の保護や管理を行なうといったことがすでに始められていたとしてもおかしくはない。別のいいかたをすれば、縄文人は自分たちの生活と植物資源の持つ役割とを結びつけ、それらに対して他の植物とは異なった価値を見出し、その資源をのちの農耕や植林のように積極的に育成はしないまでも、それらが無計画な乱獲などによって消滅してしまわないように、採集や利用に一定の制約を加え保護するといったことは当然行なっていたと考えられる。そして、このような経験を通じて、植物の生理や気候・土地などの他の自然条件と植物との関係といった、のちに農耕文化の中で開花するさまざまな知識がつみ重ねられていったにちがいない。

こうした縄文人と植物資源との関係は、農耕と積極的に呼ぶことはまだできないものの、明らかに農耕に向けての準備作業の一つであった。そしてこの文化伝統は、日本における農耕文化の成立に少なからざる役割を果たしたものとみられる。一般に弥生文化は水稲農耕と金属器の文化といわれているが、水稲農耕は本来、暖かい東南アジア起源の農耕であり、これが中・高緯度に位置する日本の風土に定着するためには、稲そのものに始まり、さまざまな農業技術の改良を必要としたにちがいない。その間にあって、日本の初期稲作はいくたびもの危機をむかえたにちがいない。そしてその危機を克服する重要な要素として縄文人がすでに一定の選別を行ない利用していた植物資源があったのである。おそらく、イモ類を中心とした根菜類や蔬菜類の一部などが、より寒冷な地域で実施しうる畑作作物として再編成され、弥生農耕のレパートリーの中に加えられていったとみられる。これにより、弥生農耕は、一種の耐寒装備を持つことができるようになり、東日本・北日本といった地域への進出が容易になったとみられる。弥生農耕が比較的すみやかに日本の国土に広がることができた背後には、こうした事情があったと考えられるのである。

三　日本史の中の縄文時代

縄文時代が弥生時代以降の日本歴史の発展という「光」をうきたたせるための「影」としてしか考えられなかったときには、縄文時代は日本の歴史の全体の流れの中に十分に位置づけられはしなかった。本格的な日本の歴史は常に稲作の到来より始まるのであり、縄文時代はいわばその前座にすぎなかった。この傾向は戦後の日本考古学の大躍進をむかえても、それほどの変化はなかった。たしかに、考古学関係の図書、とくに縄文時代の土器や工芸品を扱ったり、新しく発見された遺跡を紹介する数多くの図録や概説書が出版されてはいる。しかし、それらは極論すれば考古学の世界の中にとどまるものであって、日本の歴史全体の流れの中にその成果を位置づけようとするものは少なかった。

歴史の流れというものは、時に大きく流れを変え、まったく新しい展開を示す、いわゆる変革の歴史を形成するとともに、過去が現在の中に息づき、やがて開花するであろう未来とともにあるという連続性をも兼ねそなえているものである。縄文時代から弥生時代にかけての歴史においては、ややもすると、前者にみるような変革の歴史が強調されているきらいがある。つまり、縄文から弥生へは石器文化から金属文化への、獲得経済から生産経済への、また、平等的原始社会から不平等な階級社会への変革が行なわれたというのである。このことは当然のことではあるが、その変革を強調することが、結果においてこの二つの時代の間に本来保たれていた連続性や重層性を見落とさせてしまっているのではないか。弥生文化が、その形成にあたって海外からの移住者が重要な役割を果したことはまちがいないが、そこで縄文人と弥生人がまったく入れかわってしまうほどの大変化が生じたのではないとする通説に従うかぎり、そのような移住はあくまでも歴史的な契機であるにすぎない。むしろそこで基本的に重要なのは、受け入れ基盤としての縄文文化が、新来の文化をどのように受容し、自己の文化伝統を変化させていったかという点であろう。

縄文時代の文化は、最近のめざましい考古学調査・研究の成果として生き生きとよみがえりつつある。そしてそこで見出されるのは、縄文人こそが、この日本列島の自然に最も深くかかわった人々だったという事実である。縄文人の自然に対する英知は、稲を作るようになったのちにおいても、けっして無意味なものにはならなかった。むしろ、それら縄文の文化伝統が、先に述べた漆工芸の例からも明らかなように、今日のわれわれの文化伝統と深くかかわるものであるという点が重要である。その意味で、縄文の文化伝統は森本六爾がいったように「完全に忘却された」ものではない。縄文の文化伝統の中に、今日のわれわれの文化伝統を見出すことにより、縄文の「過去」は単なる過去ではなく、今日のわれわれの生きる部分として再生されることになるのである。

漆を使いこなした縄文人

一　縄文漆の古さ

是川遺跡の大発見

一九二六年（大正一五）に、青森県八戸市の郊外にある是川《これかわ》遺跡から、たいへん重要な考古学上の発見が報じられた。是川遺跡の泥炭層《でいたんそう》の中から、完全な形を保った縄文時代の土器多数とともに、写真1〜5にみられるような、多種・多様な漆《うるし》製品が出土したのである。泥炭層というのは、今日の尾瀬《おぜ》沼のような湿地の水底に、木の葉や植物の根、その他が堆積した結果できあがった地層であるため、台地の上の土層の中では、分解してしまう植物質や動物質で作られた遺物が、ほぼ完全な形で保存されている。デンマークやイギリスなどでは、埋葬された遺体が当時の衣裳をまとったまま、その容貌まではっきりした形で発見されたことすらある。

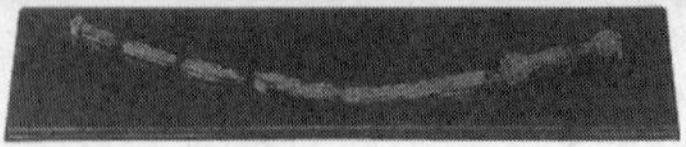

写真１　飾り弓
長約120cm、晩期、青森県・是川遺跡出土、八戸市博物館蔵
写真２　飾り太刀
長67.0cm、晩期、青森県・是川遺跡出土、八戸市博物館蔵
写真３　漆塗り櫛
長9.0cm、前期、福井県・鳥浜貝塚出土、福井県立若狭歴史博物館蔵
写真４　漆塗り壺・注口土器
高（左）6.9cm、晩期、青森県・是川遺跡出土、八戸市博物館蔵

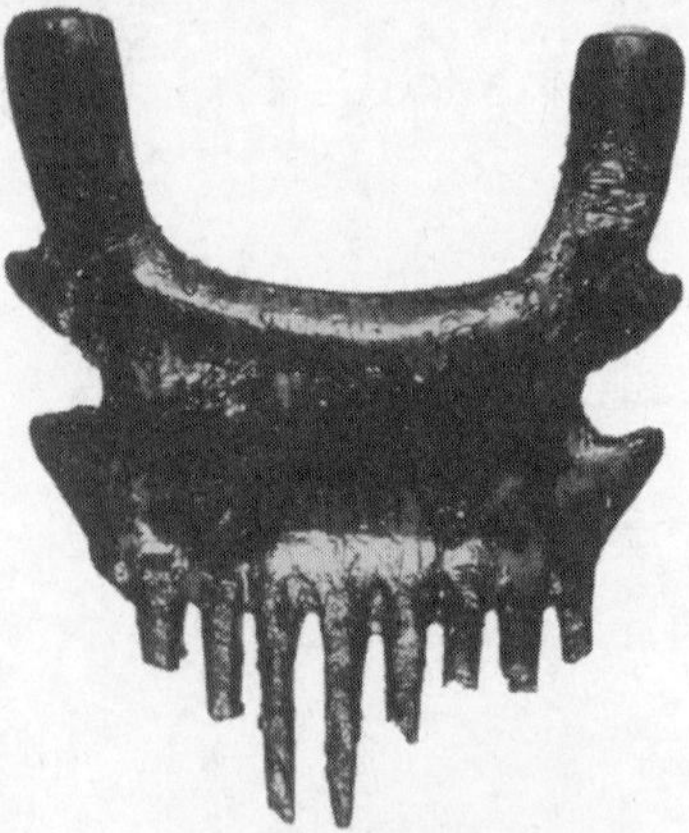

写真5　籃胎漆器
高9.0cm、晩期、青森県・是川遺跡出土、八戸市博物館蔵

是川遺跡から発見された漆製品は、美しい赤漆が塗られた土器（写真4）・飾り弓（写真1）飾り太刀（写真2）・耳飾り・鉢や椀とみられる木製の容器類、木製の腕輪など、さまざまな種類があった。とくに鉢の台にあたる部分に透し彫りがみられる点は、単に漆の技術だけでなく、当時の木工技術が非常に発達していることを示すものとして、多くの人々の注目を集めることとなった。このようなすぐれた漆の技術が、石器時代に属する縄文人たちによって行なわれていたことは、当時の考古学研究者の常識をゆるがす大問題だった。というのは、日本古代の漆の技術は、漢文化（紀元前二～紀元二世紀）以降のすぐれた古代中国の文化が、日

本に移入されることによってもたらされたものと、当時は考えられていたからである。とくに、仏教美術に伴う漆の高度な利用が、日本の漆工芸発達の基盤にあったと考えられていたのである。

縄文漆の謎

是川遺跡から発見された多数の漆製品は、こうした従来の考え方では解釈することが困難だった。当時、この発見に大きな関心をよせていた古代史学者喜田貞吉《きださだきち》は、これらの漆製品は、東北地方古代に栄えた平泉文化の影響によって生まれたものであり、東北地方の北半部は、日本列島の他の多くが歴史時代に入り、古代文化が栄えたころになっても、依然として石器時代にとどまっていたのだと考えた。ここから日本考古学史上有名な石器時代終末期をめぐる論争が引き起こされることになった。喜田は、東北地方の縄文時代の終末は鎌倉時代にまで下るものだと主張し、これに反対する考古学者山内清男《やまのうちすがお》との間に、「ミネルヴァ論争」として知られる論争が展開されることになったのである。この論争の結果は、縄文土器の編年学的研究をふまえた山内清男の勝利に終わるのだが、その契機となった是川遺跡の美しい漆製品の歴史的評価をどうするのか、という点は未解決のまま将来の研究にもちこされることとなった。

最古の縄文漆を求めて

是川遺跡での発見に続いて、第二次世界大戦終了後まもない一九五〇年に行なわれた青森県・亀《かめ》ヶ岡《おか》遺跡の調査によって、赤漆を塗った土器が発見された。この発見によって、縄文時代の終わりごろにすぐれた漆の技術が存在したことは確実となった。さらに、これに先立って調査された千葉県・加茂《かも》遺跡からは縄文時代の前期にあたる層から漆とみられる赤色の塗料が塗られた土器片が発見された。縄文時代の前期は今から約六〇〇〇～五〇〇〇年前にあたるから、もしこの加茂遺跡の赤色塗料が漆であるとすると、縄文時代の漆工芸の起源は、いっきょに紀元前数千年にまでさかのぼるだけでなく、世界でもっとも古い漆製品が縄文時代に出現したことになる。しかし、この発見はその当時、十分な評価を得ることができなかった。

それは、その当時はまだ縄文時代全般にわたる資料と研究の蓄積が不十分であったことによる。とくに、加茂遺跡と是川・亀ヶ岡遺跡との中間にあたる縄文時代中期・後期という数千年にわたる期間の漆の製品がまったく発見されていなかったため、両遺跡の歴史的関連が十分に理解できなかったことが主な理由であった。けれども、この加茂遺跡での発見こそ、今日の縄文時代の漆工芸を考えるうえで、さらには縄文時代の文化を評価するうえでも、きわめて重要な発見だったことは、その後、今日に至るまでの研究の経過をたどれば明らかである。

相つぐ新発見

一九五〇年代に入ると、日本の各地から縄文時代の漆製品が発見されるようになった。写真6に示したように、千葉県・高谷《たかや》川《がわ》遺跡（後期）からは黒地の漆の上に赤漆で入組風の文様を描いた美しい櫛《くし》が発見された。また、北海道・御殿山《ごてんやま》遺跡の墓穴（後期末）からも透しの入った赤漆塗りの櫛が出土した。さらに一九六〇年代には宮城県・山王《さんのう》遺跡から、籠の上に漆をかけた「籃胎漆器《らんたいしっき》」が多数出土した。これらの中には亀ヶ岡出土の漆塗り土器（写真7・8）に類似した、黒漆の地文の上に、赤漆で雲形文を描いた優品があった。この発見によって漆製品の文様と土器の間には、きわめて強い類似性があることがわかってきた。さらに一九七〇年代になると、縄文漆工芸を考えるうえで、非常に重要ないくつかの発見が報告されることになった。琵琶湖の西岸ぞいに敷設する国鉄湖西線の工事に伴って滋賀県・滋賀里《しがさと》遺跡からは、漆塗り木椀・籃胎漆器・漆塗り腕輪・漆塗り櫛などが、縄文時代終末期の土器とともに出土した。この発見によって、従来東日本に集中していた縄文漆の製品が、西日本でも同じように作られていたことが明らかになった。このことは、縄文漆工芸が日本列島の広い範囲にゆきわたっていたことを示す重要な発見だった。

そして、最後に縄文時代全体の文化的イメージを一変させたといわれる福井県鳥浜《とりはま》貝塚の発見がある。若狭《わかさ》湾に近い三方《みかた》五湖の一つである三方湖に注ぐ鰣《はす》川と高瀬川の合流点近くにある鳥浜貝塚は、河川改修に先立って一九七五年に調査が行なわれた。その結果、写真3にみられるような美事な木製赤漆塗りの櫛が縄文時代前期の土器とともに貝層中から発見された。そのほか赤漆の下地の上に黒漆で文様を描いた土器、赤漆や黒漆のかけられた木製容器類など、多彩な漆製品が出土したことから、今から六〇〇〇年前の縄文時代前期に、すでに高度な漆工芸が存在していたことが明らかになったのである。この発見によって、戦後まもなく知られた千葉県・加茂遺跡発見の漆製品が誤りないものであることが確認されることとなった。

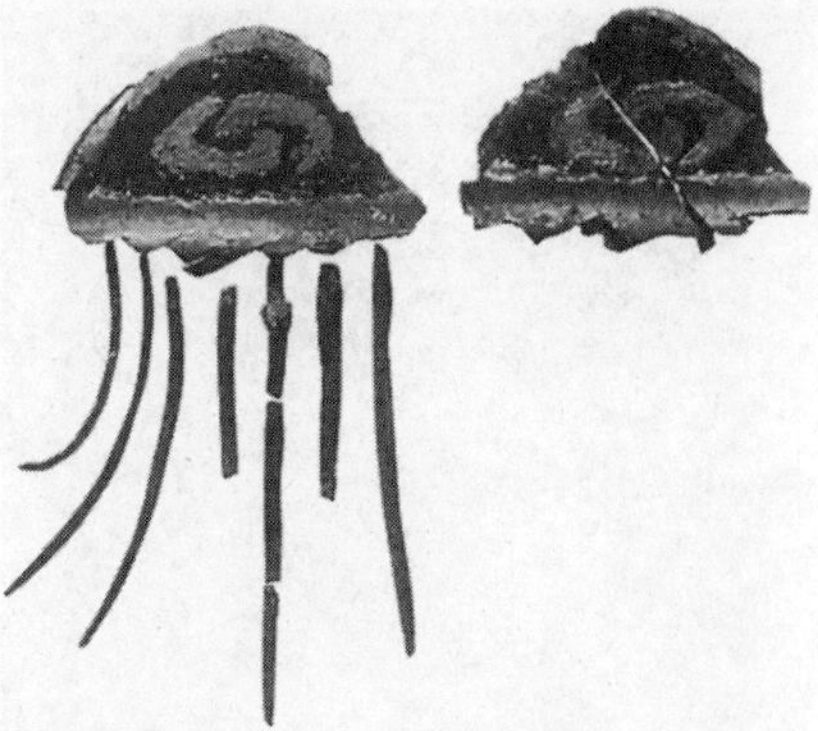

写真6　漆塗り櫛（左・表、右・裏）頭部長3.2cm、後期、千葉県高谷川遺跡出土、慶應義塾大学民族学考古学研究室蔵（写真提供：講談社）

さらに、一九八六年に調査された山形県・押出《おんだし》遺跡からの赤地黒漆文様をもつ壺（写真10）や、多数の漆製品の出土によって、縄文前期の漆工芸の水準の高さがますますはっきりしてきた。それとともに前期に確立した漆工芸は、一九七九〜八一年の埼玉県・寿能《じゅのう》遺跡（後期）

の調査によって、縄文時代全般を通じて発達していったありさまが明らかになったのである。

写真７　漆塗り浅鉢（内面）　径20.5cm、晩期、青森県・亀ヶ岡遺跡出土、青森県立郷土館風韻堂コレクション蔵
写真８　漆塗り浅鉢（側面）　高6.7cm

二　なぜ縄文漆が問題なのか

複雑な漆の技術

縄文人は今から数千年もの昔から、すでにすぐれた漆の技術を持っていたのだが、それはいったいどのような意味を持っているのだろうか。まず第一にはっきりさせておかなければならないことは、漆の技術というものがたいへん複雑で、その習得には相当の修練が要求されるということである。今日でも本漆の椀や重箱には、あっと驚くほどの値段がついている。これは単に漆の塗装技術だけでなく漆原液（生漆《きうるし》という）の採取から、その精製、顔料の添加、漆を塗るための素地（胎《たい》という）の製作、下塗りから仕上げ塗りまでの重ね塗り、乾燥といった工程が、図1に示したようにたいへん複雑で手間がかかることによる。

漆は、漆の木からとれる樹液である生漆を原料とする。それには、まず漆の木の表皮に傷をつけ、そこからしみ出した生漆を篦《へら》などですくいとって集める。幹に入れた切傷から、一回にすくいとれる生漆は一ミリリットル程度なので、漆液のとれるシーズンである初夏から秋にかけての約半年間に、一本の漆の木から約一八〇～二〇〇ミリリットルくらいの生漆しかとれないといわれている。そのため、一度に一定量の生漆を集めるには、多数の漆の木から採取しなくてはならない。次に、集められた生漆は、このままでは漆特有の美しい光沢や発色が出にくいので精製される。この工程を「くろめ」と「なやし」と呼んでいるが、これは生漆を摂氏四〇度前後に保ちながらかき回して、生漆の中に二五〜三〇パーセントほど含まれている水分を五パーセント以下に取り除く作業である。これはウルシオールと呼ばれる主成分を精製し、その成分を均質化するためである。今日ではモーターなどを用いてかき回すのが一般的だが、縄文時代の人々は気長に手作業でかきまぜなければならなかったことだろう。

入念な製作工程

漆は一種の塗料だから、漆だけではその美しい効果を発揮できない。そのために漆が塗られる素地が必要となる。この素地のことを胎と総称するが、その胎が何で作られているかによって木胎《もくたい》（木を素地とするもので、今日の椀・重箱・盆などがそれに当たる）、陶胎《とうたい》（土器などの焼物の上に漆を塗るもので、今日ではあまり用いられないが、縄文土器には盛んに用いられた）、籃胎《らんたい》（笊《ざる》や籠《かご》に漆をかけたもので、今日では文箱などに用いられている。縄文時代にも盛んに用いられた）などさまざまな種類がある。このように漆工芸は木工や籠細工、土器作りといった他の多くの生産活動と結びついて存在していたという点が重要である。

さらに、塗られた漆を乾燥させるためには、特別な環境を用意する必要がある。漆が固

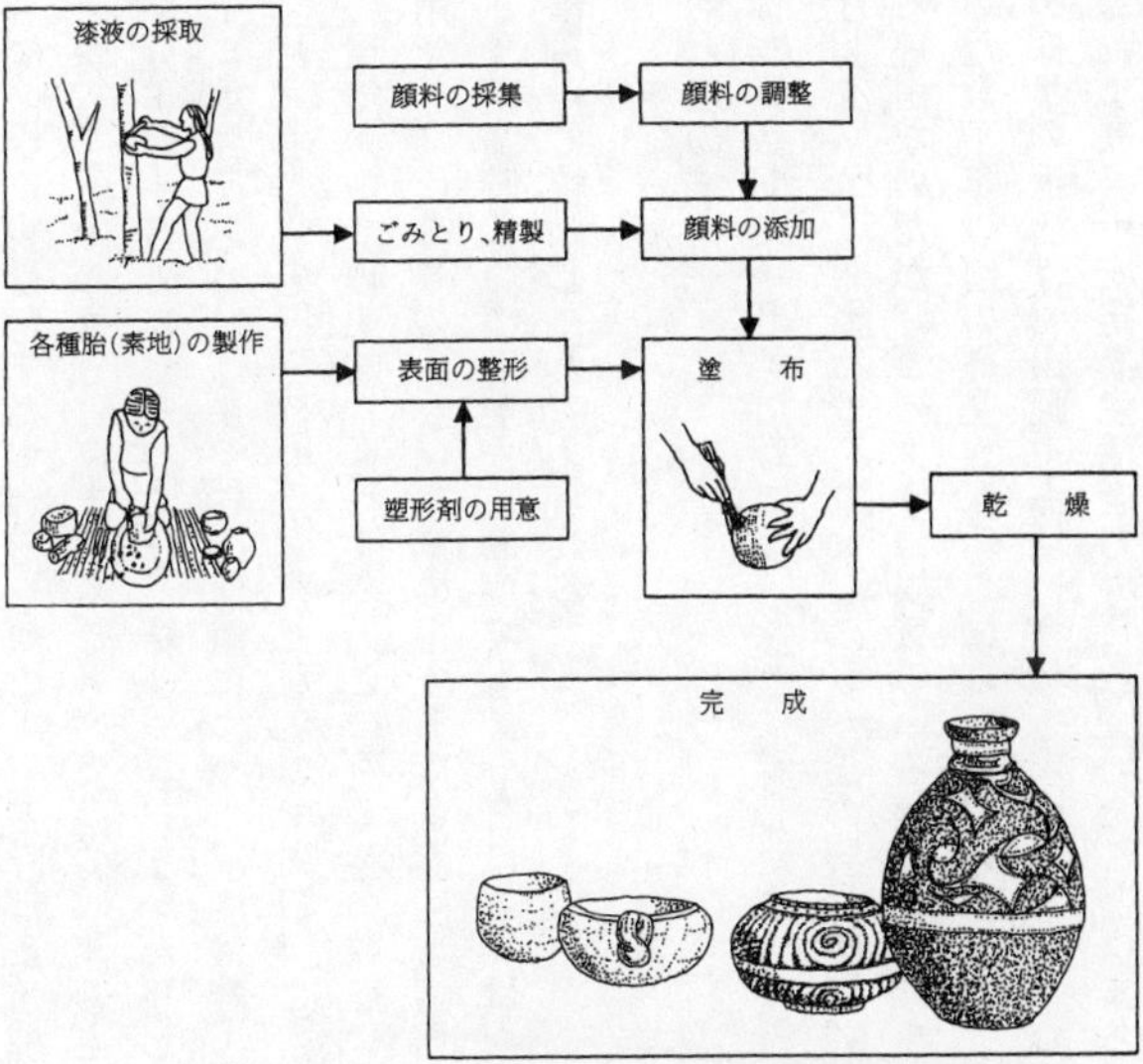

図1　縄文漆工品の製作工程

漆液の採取・精製、胎の製作、漆の塗布・乾燥まで、入念な作業を要したであろう。胎の表面をなめらかにする塑形剤、発色をよくするための顔料の精製、重ね塗りをする際の温度・湿気など、時間と労力をかけた仕事は、安定した生活から生じた当時の「ハイテクノロジー」である。

まるのは、漆の中に少量含まれているラッカーゼと呼ばれる酵素が重要な役割を演じる。ラッカーゼが、空気中の水分に反応することによって、漆の主成分であるウルシオールと呼ばれる高分子がすきまなくきっちりと結びつき、しっかりした組織を作り出す。これをウルシオール重合《じゅうごう》反応というが、この作用によって、漆は酸・アルカリ・熱に対してすぐれた耐久性と、美しい光沢を持った塗膜《とまく》となるのである。このラッカーゼによる反応は、高温多湿の環境の中で理想的に進行する。このため漆の乾燥には、風呂《ふろ》とか室《むろ》と呼ばれる乾燥室を用意し、ほこりの少ない空気の中で温度と湿度を適切にコントロールすることが必要になる。縄文時代の漆の製作においても、今日ほどではないにせよ、これと同じような注意をはらって乾燥したと考えられる。

採集生活と漆の技術

美しい漆の製品を作り出すためには、以上に示したような製作工程の一つひとつを、根気よく仕上げていかなければならない。これが漆の製品が工芸品と称され、高価な値段がつけられる理由なのだが、このように根気のいる複雑な作業を、狩猟・漁撈・採集で生計を立てていた数千年以前の縄文人が巧みにこなしていたとは、まさに驚異というほかはない。狩猟・採集の生活は、山野や海浜に食料を求めて、日々の糧としていたのだから、今日のわれわれよりも不安定な生活をしいられていたことはまちがいない。そのような中で、その漆の技術が今日と大差のない、美事な製品を作り出せるほど発達していたとは、信じられないような事実である。

しかも注目しなくてはならないことは、この漆の技術は、縄文時代の人々の生存にとって、直接には何の役にも立たない技術だったということである。いかに美しい漆の製品を作ったとしても、それによって魚や獣がより多く獲れたり、木の実の採集が容易になることはない。食料をより多く安定して得たいのなら、よりすぐれた狩猟・漁撈の道具を作り出したり、効果的な狩りの方法を考え出すほうが早道である。それにもかかわらず縄文人たちは、多大の時間と労力を漆製品の製作に注いでいた。これは縄文人の生活が、われわれが従来考えていたよりもずっと安定しており、漆製品の生産のような、生存に直接かかわらない作業に対して、十分な時間と労力を注ぐ余裕があったことを示している。

縄文人の植物利用法

縄文人は、漆の利用を最初どんなことから思いついたのだろうか。食用にもならず、さわるとひどいかぶれをおこす漆のような植物を、どうやって利用するようになったのかは興味ある問題である。今日の漆の利用法の一つに、漆を接着剤として利用する方法がある。これは茶器や花瓶といった美術的価値の高い陶磁器の修理に使われている。縄文時代でも、石の矢尻を矢柄《やがら》に固定するために漆を用いた例が、埼玉県の寿能遺跡から発見されている。

このほかマツヤニその他の樹脂類を土器・籠などの接着剤や防水剤として塗ることは、多くの民族例から知られている。

このようなことから考えて、おそらく縄文時代においても、さまざまな樹脂が同じような目的で利用されていたにちがいない。やがて縄文人はその中で漆がすぐれた塗料としての性質を持つことを見出し、工芸品の域にまで育てあげていったのだろう。このようにみてくると、縄文人の植物利用の水準はきわめて高かったということができる。日本列島の植生《しょくせい》が今日のような状態になったのは、今から約一万年前といわれているが、縄文人はその日本列島の植物資源の中から、ドングリ・クリその他の食用植物の利用にとどまらず、漆のようなすぐれた塗料を開発したり、丸木舟や木製容器の製作にみられるような木工技術、籠や組物、縄や網への加工といった、植物資源の多方面にわたる利用法を、すでにわが物としていたのである。

今日につながる文化伝統

縄文漆で最後にとりあげるべき問題は、縄文漆が確実に今日のわれわれの文化伝統に連続しているという点である。漆工芸は代表的な日本の伝統工芸であり、陶磁器がチャイナといわれるのと同じく、ジャパンは漆器を意味する。日本の漆工芸は、主として古代において中国から伝来した技術が中心となって発達してきたと従来は考えられてきたけれども、数千年の古さを持つ縄文漆の存在が明らかとなった結果、漆の技術は縄文人が独自に育てあげてきた固有の文化伝統だと考えられるようになってきたのである。

縄文人は、魚や貝などの水産資源を盛んに食料として利用していた。この伝統は日本人が世界中で最も魚を消費する国民であるという統計結果にも現われているように、今日のわれわれの文化の中に引きつがれている。縄文漆の存在は、今日のわれわれの中に生きつづけている縄文の文化伝統が、水産物の利用だけでなく、植物資源の利用においても存在したことを示している。このことは、縄文文化という数千年以前の過去の文化が、今日のわれわれの文化の形成に少なからざる寄与を果たしていることになる。従来、日本文化の主要な部分は、弥生文化以降の稲作農耕文化から受けついできたと考えられてきた。縄文漆の存在は、このような従来の考え方に反省を迫るとともに、現代文化の根底としての縄文文化の持つ歴史的役割を再評価すべきであることを、われわれに教えているのである。

三　縄文漆の特色

多種類にわたる製品

今日、各地の遺跡から出土した縄文漆器はじつに多種・多彩である。図2はそれらを、製品の種別、胎の種類、技術上の特徴などに区別し、さらにそれらが時期を追ってどのよ

	漆製品の種類										素地（胎）					塗装技術					
	鉢	盆	杓子	櫛	腕輪	耳飾り	装飾品	土器	籠	弓	木	土器	籠	骨・角	石	赤	黒	黒地に赤	赤地に黒	ベンガラ	水銀朱
縄文時代×晩期（1,000 年 B.C.）	●		●	●	●	●	●	●	●	●	●	●	●	●	●	●	●	●		●	●
縄文時代×後期（2,000 年 B.C.）	●		●	●			●	●		●	●	●				●	●	●		●	●
縄文時代×中期（2,800 年 B.C.）	●	●	●	●				●		●	●	●				●	●	●		●	
縄文時代×前期（4,000 年 B.C.）	●	●	●	●			●	●			●	●			●	●	●	●	●	●	
縄文時代×早期（10,000 年 B.C.）					?								?					?			

図2　縄文漆製品の発達

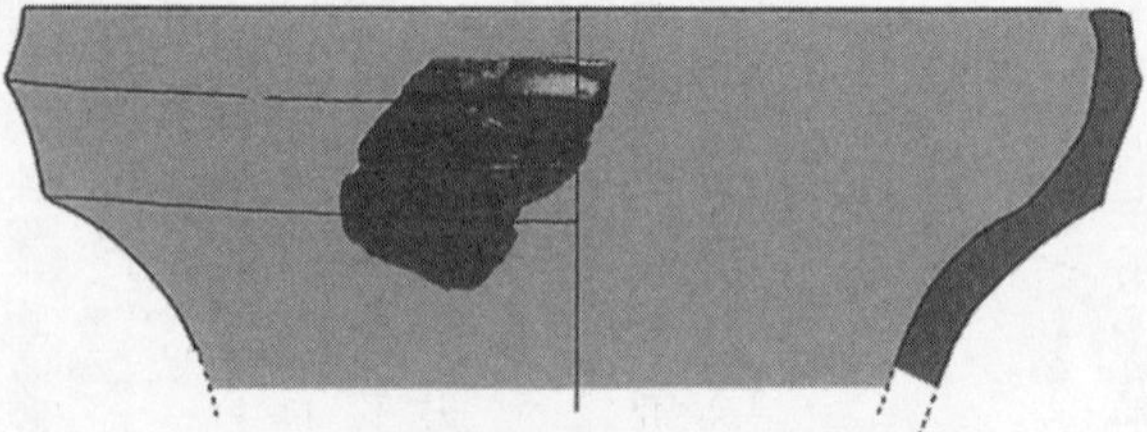

図3　木胎漆器片と復元図
後期、埼玉県・寿能遺跡出土（写真提供：講談社）

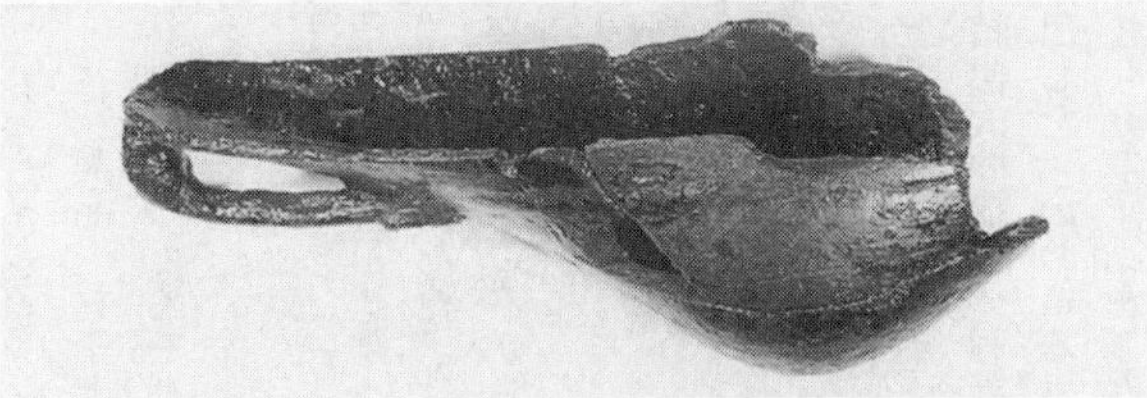

写真9　漆塗り木製杓子
長26.0cm、晩期、千葉県・多古田遺跡出土、慶應義塾大学民族学考古学研究室蔵

写真10　漆塗り壺
高15.0cm、前期、山形県・押出遺跡出土、山形県教育委員会蔵

うに発達してきたかをまとめたものである。まず、製品の種類からみていくと、木胎の椀・鉢類・盆状製品、杓子《しゃくし》といった、いわゆる什器《じゅうき》類として一括されるものがある。このうち椀・鉢類がもっとも一般的で、縄文時代全般にわたって作られた。なかでも、埼玉県寿能遺跡から出土した、赤と黒の漆を使いわけ細かな籠目状の彫刻を施したもの（図3）や、土器に類似した文様を彫りこんだ鉢など、すぐれた製品が少なくない。また写真9に示した千葉県・多古田《たこだ》遺跡出土の杓子は全面にチョコレート色の漆がかけられた精巧な作品である。これに似た杓子は鳥取県・布勢《ふせ》遺跡、埼玉県・寿能遺跡などからも発見されており、縄文時代の中ごろから終末に至るまで、一貫して使用されていたことがわかる。

漆の装身具

次に櫛《くし》・腕輪・耳飾りなどの装身具がある。この中で最も多いものは櫛である。写真6に示した櫛は千葉県・高谷川《たかやがわ》遺跡から出土したもので、黒漆地の上に赤漆で入組文が描かれている。縄文の櫛には、この高谷川のような、櫛の歯の根元を紐《ひも》などで結び合わせ、その上を漆と細かな木くずを練り合わせたパテ（木屎《こくそ》という）状のもので固めて成形した、いわゆる結歯式の櫛と、写真3に示した鳥浜貝塚出土例のような、板状の素材をけずって歯を作り出した、いわゆる木櫛《きぐし》の二つがあり、縄文前期からすでに両方とも発見されている。いずれもその作風からみて装飾に用いた飾り櫛であったとみられる。以上のほかに、漆塗りの土器や籠《かご》がある。漆塗りの土器は、縄文前期からすでに作られており、赤漆を全面に塗ったものや、赤漆の上に黒漆で文様を描いたものなどがある。とくに山形県・押出《おんだし》遺跡からは、赤漆の下地の上に、細かい黒漆の線書きによる渦巻《うずまき》文様が描かれた美しい土器（写真10）が出土している。このようなすぐれた製品が、今から五〇〇〇年以前の縄文時代前期末に作られていたのである。

美しい飾り弓

縄文時代の漆製品の中で、弓はたいへん特異な存在である。というのは他の多くの漆製品が什器や装飾品といった、いわゆる生活用具であるのに対して、弓は狩猟に用いられる生産用具だからである。もっとも、漆の塗られた弓は写真１に示した是川遺跡出土例を見ればわかるように、儀礼などのときに用いられた飾り弓と考えられている。事実、縄文時代にはすでに前期から実用一点ばりの白木の丸木弓が使用されていた。この飾り弓は赤漆や黒漆が用いられ、ところどころに桜の皮とみられる樹皮などを巻いて入念に作られている。最も古い飾り弓は、縄文中期ごろまでさかのぼるので、おそらく重要な狩猟儀礼の器具として、長い間用いられていたにちがいない。

写真11　石製笄

長14.5cm、晩期、岩手県・蒔前台遺跡出土（写真提供：講談社）

縄文工芸の中の漆工芸

これら多種・多様な漆製品の作製のために、多種類の胎が用いられた。そのうちで木胎と陶胎がもっとも多かったが、籃胎とよばれる籠もかなり用いられていた。特殊な胎としては骨や角、さらには石を胎としたものがある。写真11に示した装飾品は、岩手県から出土した晩期の製品で、軟らかく加工しやすい凝灰岩に複雑な文様を刻んで赤漆をかけた珍しい製品である。

これら多くの胎を用いて漆製品が作られたということは、骨や石の工芸、木工、土器作りといった縄文時代の各種の工芸と漆工芸とが結びついていたことを示している。そして、これらがすべて漆をかけて完成するということからわかるように、漆工芸は他の縄文時代の諸工芸と結合し、それらを統合する役割を果たしていたと考えられる。まさに縄文工芸の中心をになっていたのが漆工芸だったといえる。

今日にひけをとらぬ技術水準

縄文漆工芸を支えるいくつかの技術の中で、とくに注目すべき点は、櫛や籃胎漆器の製作に用いられた木屎に似た技法である。これは木の皮や繊

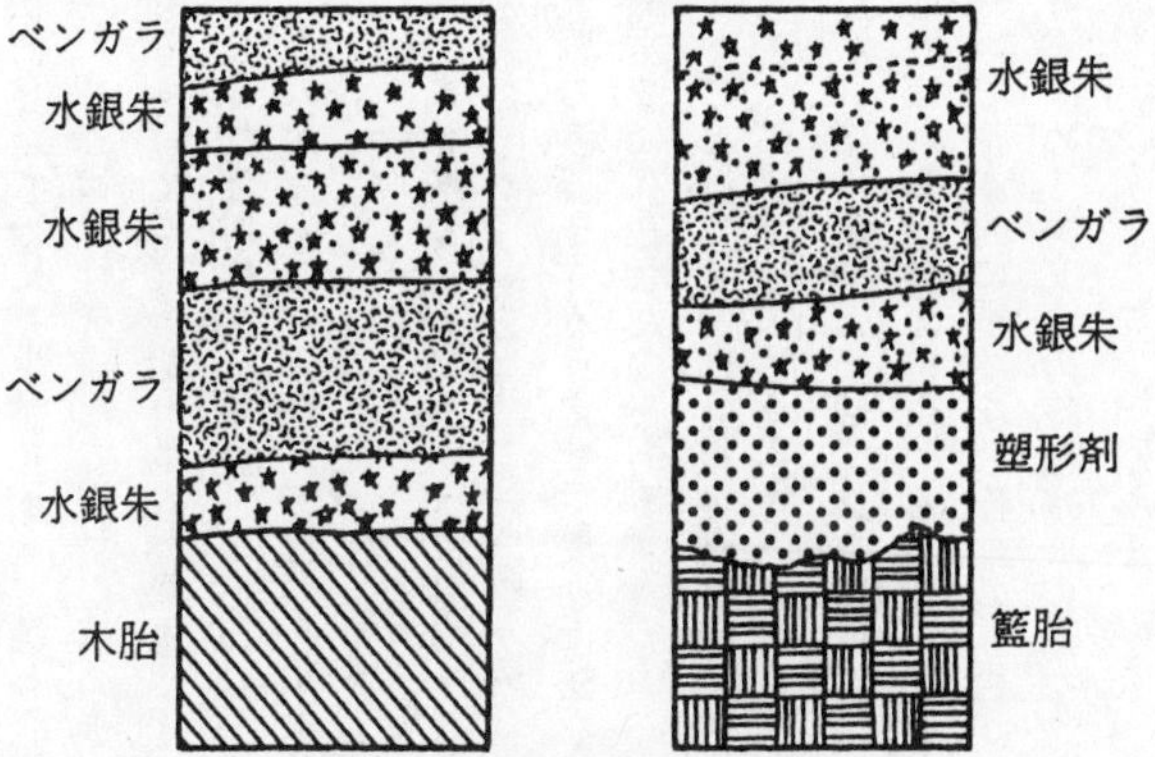

図4　漆膜の断面模式図

左は埼玉県・寿能遺跡（後期）の木胎漆器の漆膜断面。ベンガラと水銀朱の赤色顔料２種を混ぜた赤漆が、５度塗り重ねられている。右は石川県・もりがふち遺跡（晩期）の籃胎漆器。塑形剤の上に、同じくベンガラと水銀朱の赤漆を４度塗ってある。漆膜の断面を顕微鏡で観察することによって、巧みな製作技法が理解できる（奈良文化財研究所「漆製品出土遺跡地名表１」〈1984年〉より引用）

維を細かく粉末状にしたものに、生漆を加えて練り合わせたパテ状の物質だが、これで籠の目をつぶしたり、ひご状の竹を編んで作った櫛の上にかけて形をととのえたり、さらには、その表面をもりあげて、浮き彫り的な効果を出すのに用いたりする。このような技法は、今日の漆工芸で木屎と呼んでいる技法と、ほぼ一致するものである。今日の木屎の技法と基本的に同じものが、すでに今から五〇〇〇年以前に行なわれていたとは、驚くべきことである。

また、漆の塗膜《とまく》の断面を顕微鏡で拡大してみると、漆が何回にもわたって重ね塗りされていることがわかる（図4）。漆をうすく何回も塗って、下塗りから仕上げ塗りまで重ねていくことが、上質の漆器を作るうえで重要な手法なのだが、この重ね塗りの基本となる技術が、すでに縄文漆に存在したのである。

さらに注目すべきことは、もっとも古い縄文漆に、すでに赤漆と黒漆が存在することである。赤の顔料にはベンガラ（酸化第二鉄）と朱（水銀朱）が、黒の顔料には煤《すす》などの炭が用いられていたが、漆に顔料をまぜ、良い発色効果を出すためには、生漆のままでは不十分で、くろめと呼ばれる精製漆を用いる必要があった。このようにみてくると、今日の伝統的漆工芸において基本的に重要な製作上の技術が、ほとんど縄文漆に存在していたことになるのであり、改めて縄文漆の技術水準の高かったことに驚かされるのである。

東アジアにおける縄文漆の起源

ここで、改めて図2をながめていただきたい。この表に示されているとおり、現在知られている最古の縄文漆製品は、今から約六〇〇〇年前の縄文時代前期に属するものである。しかし、その時点では、すでに木器・土器・櫛といった多種類の製品が作られ、赤漆・黒漆の技法も知られていた。

このことは、縄文時代前期の漆工芸が、すでに一定の技術体系を備えるまでに発達した水準にあったことを示している。したがって、縄文時代の漆工芸の起源は、これよりもさらに古くさかのぼることになることが確実となった。

おそらく、今から八〇〇〇年以前から本格的にはじまった、後氷期《こうひょうき》の気候の温暖化に伴って、縄文人による日本列島の植物資源の利用が進む中で、漆の技術が次第に開発されていったと考えられる。もしそうであるとすれば、縄文漆は東アジアで最古のものとなる。

現在、日本以外で知られている古い年代を持つ漆製品は中国にある。華中の上海に近い浙江《せっこう》省余姚《よよう》市にある河姆渡《かぼと》遺跡からは、漆の木椀が出土しており、炭素14年代測定法（遺跡から発見される木炭に含まれる放射性炭素14の半減期を測定することによって得られる理化学的年代測定法）によって、その年代が今から約六二〇〇年ほど前であることがわかっている。これは、日本最古の漆製品である福井県・鳥浜貝塚の年代とほぼ並行する。しかし、両者の漆製品を比較すると、その種類の豊富なこと、赤漆のほかにすでに黒漆も用いられていることなどから、縄文文化の漆工芸のほうが格段にすぐれている。

中国や日本の考古学研究者の中には、この河姆渡文化の漆技術が、東シナ海を渡って日本の縄文文化に伝播したと考えている人がいるが、縄文漆が同じころすでに中国よりもすぐれた製品を作り出している点からみて、この説は成立困難である。

しかしながら、これは中国と日本の先史時代の漆工芸が相互に独立した無関係なものであると断定するものではない。なぜなら、今日日本で用いられている漆の木と、中国の漆の木とは、植物学的には同一種と考えられているからである。また、漆のような複雑な技術体系が、東アジアの各地で、それぞれ独立して発生したと考えるのは不自然なことでもある。

これらの点からみて、今から六〇〇〇年以前の東アジア先史世界において、縄文文化と河姆渡文化の漆技術の共通の起源となるような文化が存在し、そこから漆技術が日本と中国に分かれて、それぞれ独立して発達していったという想定もできる。縄文文化は、同じ時代にユーラシア大陸に展開した多くの石器時代の文化とあまり結びつく要素を持たず、日本列島において長い間孤立した形で発展してきた、と従来考えられてきた。しかしながら、漆技術の系譜をたどることを通じて、東アジア先史世界の中における縄文文化の位置が、やがて明らかにされるときがくるだろう。

縄文工人の世界

はじめに

縄文土器は、この日本列島に数千年にわたって住み続けたわれわれの祖先が遺したすぐれた文化遺産の一つである。縄文時代の日本は今日のわれわれがそうであるように、各地に多彩な地方文化を発達させたが、わけても縄文土器はその代表的な存在といえるだろう。このような日本各地の縄文土器の全容を、ありのまま示そうという企画のもとに刊行されたのが『縄文土器大成』（全五巻、講談社）である。幸い筆者もその企画の一端に加えていただき、各地の縄文土器を多数実見する機会を持つことができた。この仕事を通じて、縄文土器の持つ複雑さ、面白さというものを改めて知ることができたばかりでなく、以前からいろいろと考えていた事を、さらにはっきりと確認できる資料にめぐり会うこともできた。そうした資料の探索を通じて得られた知見等をまじえながら、縄文土器の文様という、具体的な素材を通して、その背後に隠されていた縄文の工人たちの世界をさぐってみることにしたい。

一　縄文土器の観察と失敗作の発見

縄文土器の文様は、簡単に描かれているようで実は複雑である。われわれは専門的な研究の一手段として土器全体の姿を写真にとるだけではなく、投影図の方法を応用した実測図をとり、文様や器形のプロポーションを表現する。これはなかなかめんどうな仕事で、描きなれた者でも一日に四～五個の土器を実測するのがやっとのことで、特に写真1や図1にあるような土器を実測するとなると、まず半日はつぶれる覚悟をしないといけない。

なぜそんなに手間がかかるかというと、土器の器形の微妙なプロポーションや、文様のモティーフなどをよく観察し、そこに示された様式上の特徴や、その土器に固有な特徴などを的確に把握して、実測図の中で表現しなくてはならないからである。つまり、これらの特徴を、第三者の研究者が十分理解できるような形で図を描かなくてはならない。だから、実測図というものは、単なる土器のスケッチではなく、ある学問的な内容を言語以外の方法によって表現する重要な手段の一つなのである。われわれが学生に対してこの種のトレーニングを課すときよく、「君の図は実測図でなく実測絵だ」と評するのは、そのあたりのことを学生に体得してもらおうとしていっているのである。

そんな次第なので、土器の実測図を描くといやでもその土器をよく観察し、おぼえることになる。過去に実測した土器ならば、突然に質問を受けてもまずまずの受け答えができる。こうした観察を続けていくと、しばしば縄文の工人たちの人間的な痕跡を土器の中に見出すことがある。今日のわれわれでも、同じ番号の宝くじ券を発行してしまったり、ルーズベルト大統領の手の指が六本あるような切手を印刷してしまうなど、俗にいうチョン

写真１　千葉県・多古田遺跡出土土器（慶應義塾大学民族学考古学研究室所蔵）

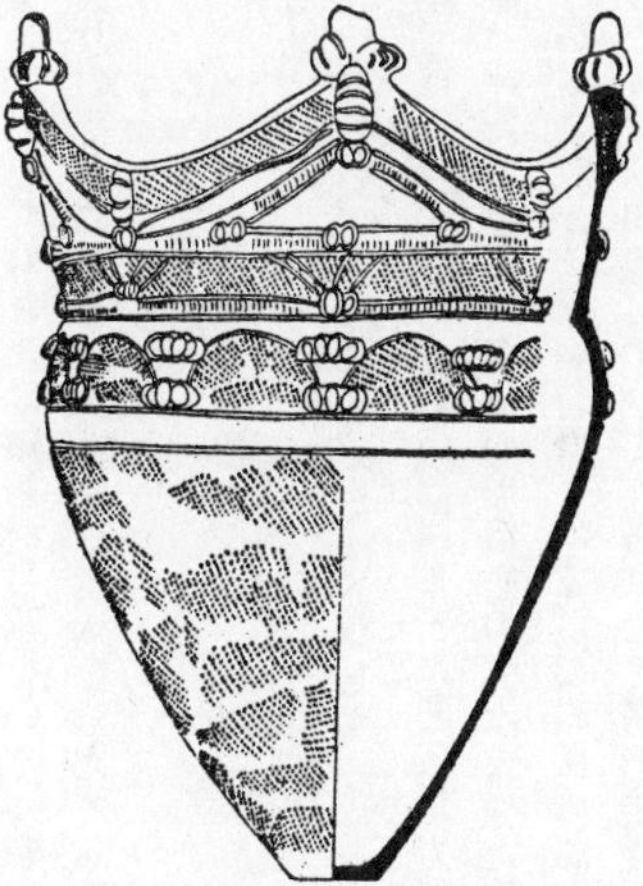
図１　実測図例

ボと称することはいくつもあるが、縄文の工人たちもこれに類した失敗をいくつか犯している。そのいくつかを紹介しながら、失敗の背後にかくされている意味を考えてみたいと思う。

二　失敗作——実例(1)（写真2・3）

この土器は縄文時代の終末の晩期（紀元前一〇〇〇〜紀元前四〇〇年）に関東地方で作られたもので、われわれは安行3b式土器と呼んでいる。全体の形は底のすぼまった砲弾形を示すが、口の部分が大きな山をなしていてこれが著しい特徴である。この山のことを大波状口縁と呼ぶのだが、いかの頭のような大波状口縁によって作られた三角形の空間に、この土器の文様を特徴づける沈線による菱状の区画文と入組文が配される。この文様は口縁の山の数と対応していて全部で五つ描かれるのだが、そのうちの二カ所の文様が正しく描かれていない。つまり、写真3にもあるように、正しい菱状の区画を構成していないのである。どうしてこのようになってしまったのかをもう少し詳しく見ていくと、次のようなことがわかる。

この文様が正しく描かれるためには、この土器の最大の特徴である口縁の山と山の間隔がきちんとしていなくてはならない。それによって、そこに三角形の空間が用意されることになるからである。菱状の区画文が正しく描かれていない部分についてこの点を見てみると、山と山の間隔が他の部分よりも狭くなっていることがわかる。従って、この土器の工人は、土器のある部分から文様を描いていったが、山と山の間隔のつまったところにきて、今までと同じ調子では文様が描けなくなり、一部分の文様をごまかしてつじつまを合せたものと考えられる。こうしてみると、この土器の文様の失敗は、文様の描き方そのものにあるというよりも、むしろこの土器の口縁の山を五つに作るとき、それぞれの山と山との間隔を正しく配置するように作らなかったことに根本の原因があることがわかってくる。それならば、この土器を作った工人は、なぜ口縁を五つの山に作るというような、失

写真2　千葉県・築地遺跡出土土器（慶應義塾大学民族学考古学研究室所蔵）

写真3

敗しやすいやり方をあえて採用したのか、という疑問がわいてくる。円いケーキを、四つに分けるより、五つに分けるほうがはるかにむずかしいからである。この疑問に立ち入る前に、もう一つの失敗作を紹介しておこう。

三　失敗作——実例(2)（写真4）

この土器も、先に示したものと同じく、関東地方で作られた縄文時代晩期の安行3b式土器だが、これは口縁が水平に作られる、いわゆる平縁の土器である。器形は底のすぼまる深鉢形の土器で、口縁部の少し下に一段のくびれがある。口縁部には粘土を低く貼りつけた小突起が三カ所みられるが、これが後に問題となるものである。くびれた部分より下の胴部は、上下を沈線でしきって文様帯とし、そこに縄文と、沈線による水平に連続するS字状入組文が描かれる。このS字状入組文は器面を一周する間に六個描かれるのだが、写真4にみられるように、そのうちの一カ所では、二つのS字状入組文の間隔がつまってしまっている。要するに、順次描いていった文様のさいごの一つを描く段になって、文様を入れるスペースがなくなってしまったのに、無理やり残った狭い場所にさいごの一個をおし込めたといった感じなのである。

この土器は、土器面にくり返して同じ文様を描いていくさい、文様がうまく納まらなくなってしまった例と考えられる。このように六番目の文様を描こうとしたが、そこに十分なスペースがないことに気づいた工人にとって、二つの選択の道がある。一つは、この土器を作った工人のとった方法で、むりやり狭い所にもう一個の文様をはめ込むというものである。いま一つは、少し間のびはするがそのままにしておいて、全体で文様を五つ描いたことにする方法である。そして、問題はどうしてこの土器を作った工人が前者の方法を採用したのかという点にある。

写真4　埼玉県・黒谷田端前遺跡出土（さいたま市教育委員会蔵、写真提供：慶應義塾大学民族学考古学研究室）

もし工人にとって、胴部にめぐるS字状入組文を何個描こうとたいした問題ではないと考えていたとすれば、どちらの方法で残りのスペースを処理しようと、それはまさに工人の勝手ということになる。しかし、その工人がいずれか一方の方法をとらねばならなかったような理由があったとすれば話は別である。この点で、この土器の口縁部につけられている三個の粘土を貼りつけた小突起の存在は注目される。これらの小突起は口縁の円周を三等分する位置に貼りつけられている。一般に円を二等分、四等分、八等分するよりも、三等分、五等分、六等分するほうがむずかしい。これは先のケーキの場合を考えれば誰しも経験することである。従って、この土器の三個の小突起は、それぞれの間隔がきちんとしている点などからみて、土器の口径を三等分する意図であらかじめ工人が計画的に配置しておいたものではなかったかと考えられてくる。そうであるとすれば、この土器の胴部をめぐるS字状入組文が五個でなく、六個つけられねばならなかった理由が説明できる。

結論から先にいえば、S字状入組文は本来六個めぐらせる計画をこの工人は持っていたと考えられる。つまり、口縁を三等分する形に小突起を配し、胴部の文様はさらにそれを二分する形にして六個のS字状入組文を配するというものだったと思われる。ところが、胴部の文様を描いていくうちに、さいごの一個のスペースが不足してしまった。しかし、そこでこの工人は、五個で止めるのではなく、当初からの計画に従って、もう一個をむりやりにおし込んで描いたものとみられるのである。

四　失敗作の意味するもの

紹介した二つの土器は、いずれも文様の描き方の一部に失敗のあとがあり、工人たちはそれをうまくごまかしてちょっと見にはわからないように処理している。このような工作のあとを見ると、縄文の工人たちというものの存在が生き生きと身近なものに感じられる。今日のわれわれがそうであるように、縄文の工人たちも、多少の誤りであれば最初からやり直すのではなく、何とかつじつま合せをしてすませてしまおうという横着をきめこんでいたわけである。ただそのことだけをみていれば、単なる一つのエピソードに過ぎないが、その失敗がどうして生じてしまったのか、またその失敗をどのようにごまかそうとしたのかをよく観察していくと、縄文の工人たちが土器を作るときにどんなことを考えていたかが浮かびあがってくる。

たとえば実例(1)（写真2）の土器で、口縁の円周を四等分せずに、あえてむずかしい五等分を行ない、五山の土器を作っていることの背後には、工人たちがそうせざるを得ない何かがあったとみなければならない。というのは、他の多くの遺跡から出土するこの型式に属する波状口縁土器のほとんどは、五山の土器だからである。当時の関東地方に存在した多くの村々の工人たちが、一致して同じ規格の五山の土器を作るからには、土器作りに一定の作法があったと考えざるを得ない。同じような意味で、実例(2)（写真4）に紹介した土器にも、土器製作上の一定のきまりがあったと思われる。(2)の土器においては、口縁の突起の数と、胴部にめぐらす文様の数との間に、一定の関係があった（この場合は口縁の突起の二倍が胴部の文様の数となる）らしいということである。そして、この二つの失敗作から共通して導き出せることは、縄文の工人たちが共有していた土器製作に当たっての計画性や約束ごとの存在という問題である。

このような縄文の工人たちの間に存在した約束ごとには、いろいろなものがある。土器全体にどのように文様を割りつけていくか、文様をどのような手順で描いていくか、といった点は極めて重要な問題だったと思われる。今回はそうした中から、文様と「数」の問題をとりあげてみよう。先にも述べたとおり、失敗作(1)の工人は、口縁の山の数を五つにすることにこだわったし、失敗作(2)の工人は、文様を土器に配置するさい、三とその倍数六を考えていたらしい。このようにみてくると、縄文の工人たちは、文様の配置に関して、何らかの「数」の意識を持っていたのではないかと考えられてくる。そうした証拠となりそうな実例を縄文土器の中に求めていくと、いくつかの例が認められる。たとえば、失敗作(1)の工人より少し古い時代においては、波状口縁を七山にしたり、六山にする例がある。さらにもう少し古くなると五山・六山・七山の土器は全くなくなってしまい、ほとんどの土器は図1のように、四山に統一されている。また、東北地方の縄文時代の終末期には、四と六を山の数として多用する土器型式（大洞A式）がある。

このようなことは、縄文の工人たちが、各時期ごとに波状口縁土器を作るさい、勝手に作っていたのではなく、ある特定の山の数をもっぱら専一に採用していたことを物語るものといえよう。このような、特定の「数」を特別に扱うということの背後に、どのようなことが隠されていたのだろうか。この点で思い出されるのは、世界の各地の民族にみられる特定の数の偏用である。キリスト教徒が一三という数を縁起の悪い数として嫌ったり、われわれが八は末広がりで良い数だなどということからもわかるように、数には、数詞としての役割以外に、ある文化的な価値が与えられている場合がある。このような特定の意味が与えられた数は民族によってさまざまで、たとえば日本の古代は「八」であったらしい。出雲系の神話といわれる須《す》佐《さ》之《の》男命《おのみこと》の物語の中には、八岐《やまた》のおろち、八重垣といった、八という数がしばしば用いられている。これに対してアイヌ民族は六が特別な数だった。たとえば、カムイユーカラの中で、オオマガツミという大魔人が日の神を隠してしまう一節があるが、日の神は、六つの木の柵、六つの金の柵、六つの岩の柵をまわりにめぐらしその中に木の箱を六つ重ね、さらにその中に岩の箱を六つ重ねた中におし込められていたのである。

これら神話の中で特別に扱われる数のことを一般に「聖数」(holy number)と言っている。そしてこの「聖数」は、それぞれの民族のある段階における最大数をもあらわしていたことがあったと考えられている。つまり、無限大という概念が成立するまでは、有限な数のうちの何かを用いて、無限大と同じ意味を持たせて使用されたというのである。この点はアイヌのユーカラにおける六という数の使い方を見ると納得がいく。

このように見てくると、縄文の工人たちが土器に文様を描くさいに、何らかの意味での「数」を意識していたとみられる点は改めて注目される。これが直ちに縄文人たちの数に対する信仰の存在を証明するものではないが、土器の文様という、具体的かつ可視的な対象を通して、縄文人の思考なり、価値的世界の一部に触れることも不可能ではないことを示すものといえよう。その世界がいかなるものと考えられるかを問う前に、縄文土器の文様の中に、数の表現がどのような形で示されているかをもう少し詳しく整理してみる必要があろう。

縄文人と数

一　縄文土器にみる数の意識

現在どんな未開の民族においても、数を数えるということは知っているわけであります。昔から民族学の一つのテーマとして、「一」を何といい「二」を何といい、いくつまで数えられるかという問題が研究されてきました。しかし、人間が、いったいいつ頃から数を数えるということをやりはじめたかということは、案外わかっていないのであります。もちろん数学の起源の研究は、数学史の分野で行なわれております。けれども、これは主に文明圏の中で主として文字に書かれた記録を追っているわけです。私が、お話し申しあげようとするのは、そういう文明の中で発達をみた数ではありません。人類がどういうふうにして数というものを考え出したのか、その動機はわからないわけですけれども、どういう数え方を、いつ頃から始めたのだろうかということを縄文人の場合について考えてみたいと思います。

私が、このようなことについて興味を持ちはじめたのは学生時代に遡ります。私は考古学を勉強してまいりましたが、考古学というのは、そもそも、人間が作り出したいろいろな物――道具であるとか家であるとか、そういう物的証拠を通じて、形に残ってきた人間の文化財を中心に人間の文化の足どりをたどる学問です。現に形として残っているものから人類の過去を探るわけですから、ある意味でははなはだ具体性を持っている。しかし、人間が行なってきたことというのは、実にいろいろとありますから、ものの考え方や価値観は、物的証拠を通しただけでは、わからないわけです。そこで私は、学生時代から漠然とではありましたが、考古学は物を中心にして、物を分析しながら具体的なことを考えるけれども、物に現れていない過去の人類のいろいろな事象を考古学の中で明らかにすることができないだろうか、それができたら非常におもしろいんじゃないかと考えておりました。後年、留学をすることになって、欧米の考古学の新しい動向に接した時、私のその思いは決して間違いではなかったのだという確信を得ることになります。しかし、これはずっと後のことで、学生時代には、形に現れないものを形のあるものの中から探ることをずっと考えつづけていたのでした。

私が、そうした考えのもとで、最初に研究を始めたのが土器の研究でした。その研究をいろいろやって土器を見ているうちに、土器の中にある一つの表現があるのではないかということに気づきました。つまり、土器の中に縄文人の数の意識といいましょうか、数に対する一つの考え方があるのではないかということをだんだん考えるようになりました。数というものを彼らがどのようにして考えついたのか。これは別に縄文人に限らず、未開民族、あるいは古い時代の人間社会において非常に重要なことなのでありますが、数そのものを見つけようと思っても、物的な証拠の中には、まず直接はない。たまたま発掘していて、石が三つ並んで発見されたから、その時代の人々が「三」という概念を知っていたということは必ずしも言えない。数というものを、古い時代の人々が作り出した物の背後に探ることはできないだろうか。物的な証拠が直接数を示していなくとも、われわれがある筋道を通して解釈し、推論すれば、ある程度の結論を出せるのではないか。これが、このお話の骨組みでございます。

二　土器文様の割りつけ

縄文土器の文様表現の中に縄文人の数の意識が見出せはしないだろうか。この問題をいくつかの証拠の中でお話ししてみたいと思います。図1をごらんいただきますと、そこに土器が並んでおりますが、その模様のつけ方は、好き勝手につけるのではなく、あるルールや決まりにのっとって行なわれていることがわかります。何らかの手順なり約束事がそ

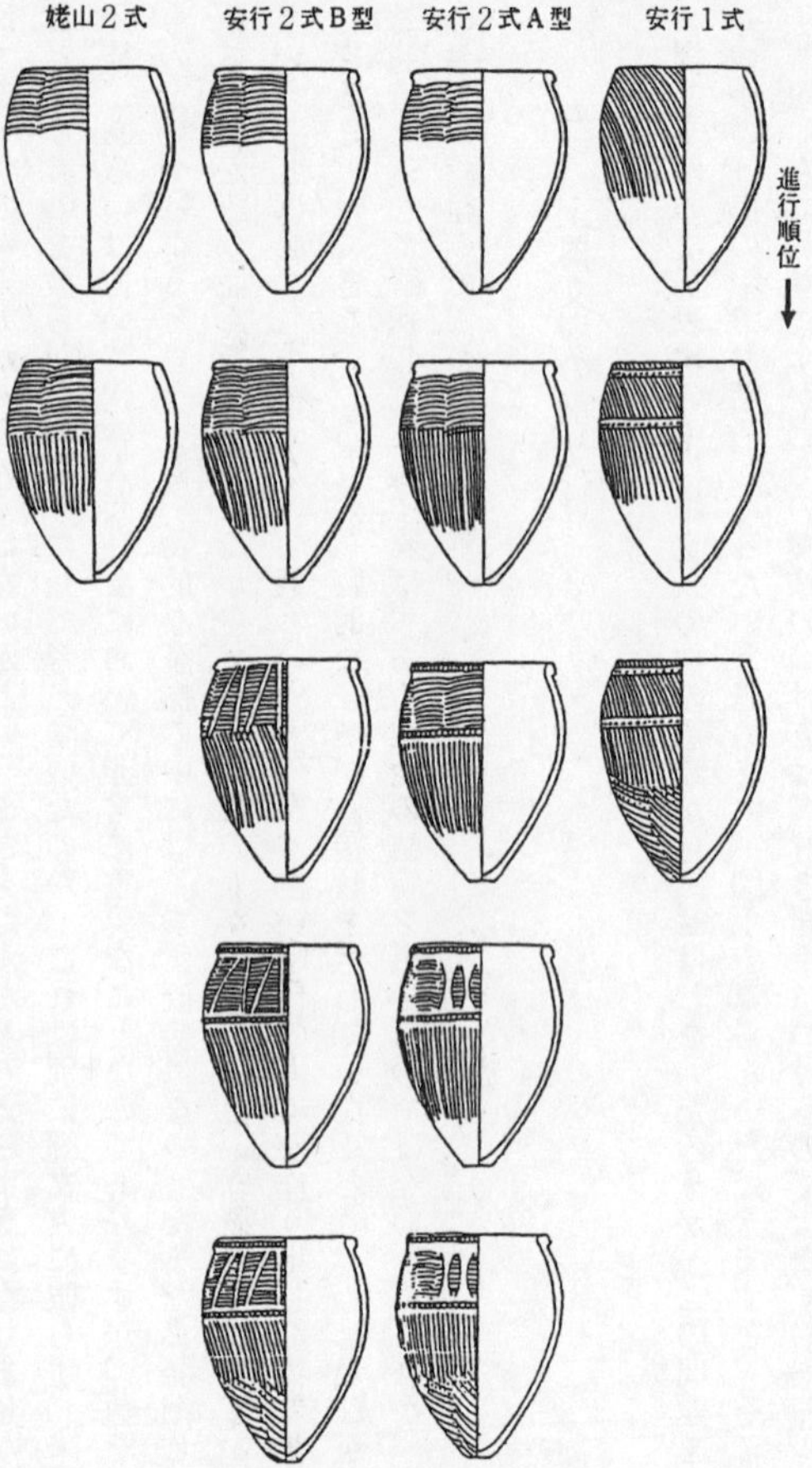

姥山2式
安行2式B型
安行2式A型
安行1式
進行順位

図1　文様順位進行図

こにあったというふうに私どもは見るわけです。そのやり方の一つを私どもは、「割りつけ」と言います。土器は立体的なものであり、これは絵画とは決定的に違う点です。キャンバスは二次元であり平面をなしていますが、土器は立体であり、そこに模様を描くわけです。つまり、縄文人のキャンバスは、ある意味で土器という立体的なものであった。ですから模様をつけていく場合は、あらかじめ割りつけが必要であったに違いない。なぜなら縄文土器の模様は、勝手気ままに描いたにしては、あまりにも整然としすぎているからです。そして、描く順序というものもあったのではないか、と考えられるようになりました。これは、もちろん、私だけが気がついたのではなく、いろいろな先輩方もいろいろな形で認めてこられたことであります。図1に示されている土器は、時代によって描き方の順序が少しずつ違うことを物語っています。一定の約束に従って模様が描かれていることがわかります。

土器の上の所に、何々式というふうに書いてありますが、これは、われわれが土器を呼ぶ時の専門的名称であります。下に向かうに従って模様ができあがる過程が示されています。一番右側の「安行1式」で見ますと、まず、斜めに線をサーサーと引き、次に、口と胴中あたりに横の線を二本引き、チョコチョコと刻む。それが終わると下のほうから逆さまに、はけを引いたような線を引く。こういう三つの手順で模様が完成する。手順として、下から上へいくようなものは、実際土器をつぶさに検討すると、存在しないのであります。

必ず上から下へ向けて完成され、これが逆になっている例は、ありません。「安行2式A型」では、同様に五段階を経て、一番下のような模様ができあがる。文化というのは約束事も含むわけで、これは、彼らの中に一つの手順というものが共通に認識されていたということを明らかに示すものです。縄文人はこういう土器をいろんな地方で、いろんな村で同じように作るんです。これは一つの、彼らの間におけるきちんとした約束事であったらしい。

どういうふうに模様を土器の中に割りつけていくか。ここにどういう模様を入れようか、こちら側にどういうものを入れようか、どういう順序で入れていくか。全体で何個入れていくか。そういうレイアウトをしていくには、ある程度の単位が使われていたのではないかという可能性が見えてきたわけです。そうした中に、縄文人がある種の数の概念を使ったと見なければ説明がつかないとみられることがあります。さらにこのことを想起させるもう一つ興味深い事実があります。

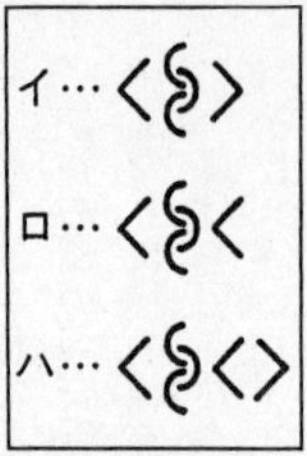

図2

私の研究室にある土器には、図2のイのような模様を土器の胴に五つ描いているものがございます。しかし、その模様の四つまでは、ちゃんとできているが、五つ目のはロのような模様に描き違えてしまったらしく、その失敗をごまかすのにハのような模様を描いている。こういう失敗作というのは、縄文土器の中に往々にしてあります。土器を詳しく観察してまいりますと、本当は五つちゃんと描かなくてはならない所に、一つだけ間違いが起こっているケースを、私も何個か見ております。うまく配置が取れなくて、最後の模様を無理に押し込めようとしたり、間延びさせてしまったためです。

イの文様を一単位とすれば、ここでは五単位の文様を描きたかった。ところが、やっていくうちに、どうも最後の一つが入らなくなってしまった。しかし、入らないからそれでもいいや、といって四つで済ませてしまうということはしないで、五つ目を描いた。ところが、どうもそれはうまくおさまらなかった、というところでしょう。してみると、文様を入れていった人の意識に「五」という概念があったように思えてくる。これが失敗作の土器の中に表現されているのではないかと、私は考えるわけであります。このことが本当かどうかということは、この土器だけをいくら眺めていても結論は出ない。もっと、同じような例をさがして、確認しなければならない。

三　波状口縁土器にみられる数

その証拠が、図3の土器であります。これらの土器は、縄文時代の終わり頃に関東地方でたいへんはやった土器です。だいたい数百年程度の期間に作られたものです。これらの土器の特徴は何かといいますと、口の部分が波を打っているところにあります。私どもは、

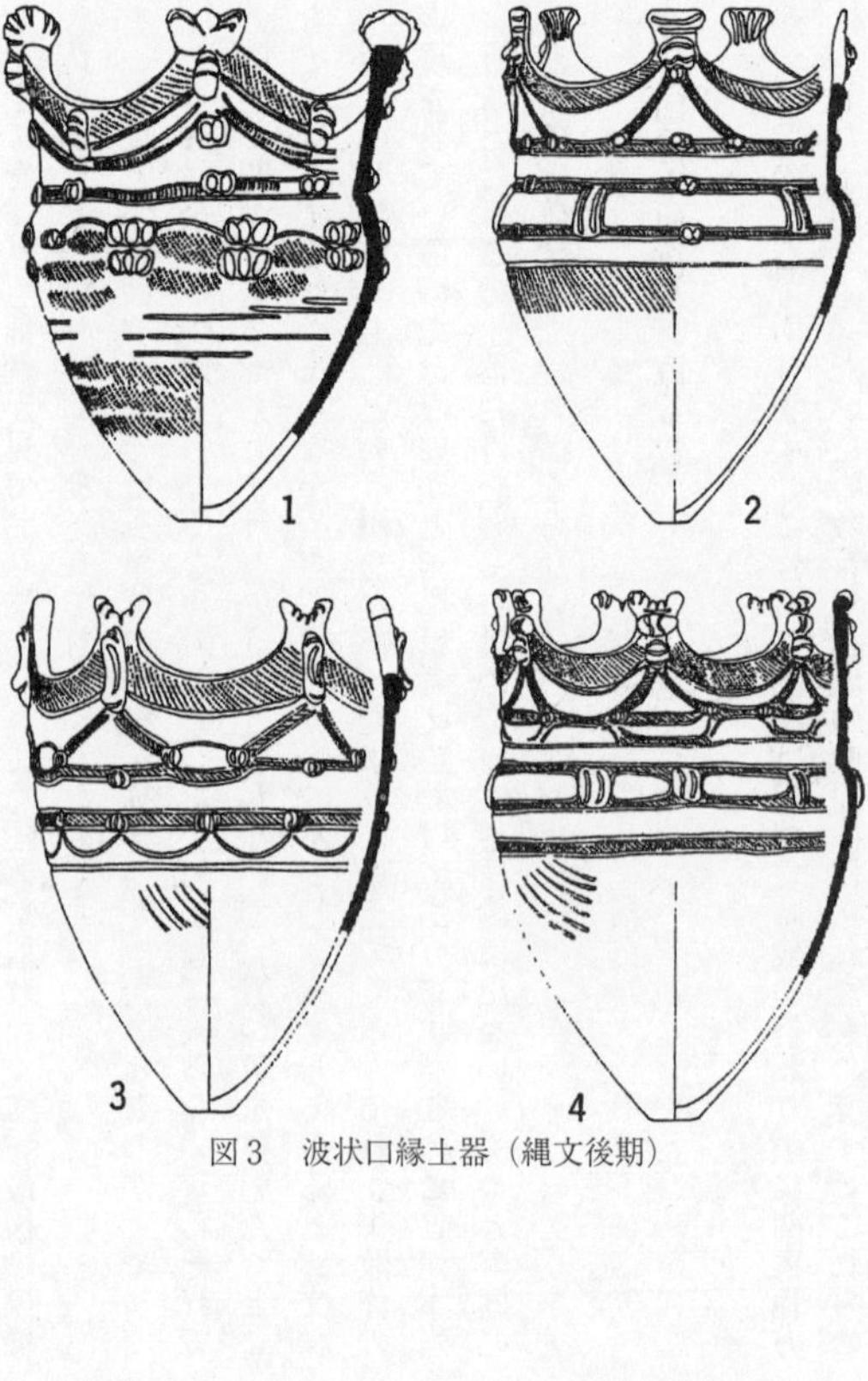

図3　波状口縁土器（縄文後期）

これを「波状口縁土器」と呼んでいます。この形を持つ土器は、縄文土器の非常に大きな特徴の一つに数えられておりますが、たいへん古い時代からすでに作られていたものです。最も古い土器は、一説には平底というのも最近ありますけれども、古い一群の土器は、とんがり底の土器が多い。そして、この時期にもう、土器の口を決して平らにしないで、波を打つ、一種の波状にピークを付けるスタイルが、形としては弱いが出てきている。このスタイルは、長い命脈を保って、縄文時代の前期では非常にはっきりした形をとるようになります。縄文時代の前期になりますと、非常にきれいなイカの頭のような、典型的な波形をした口縁の土器が発達いたします。縄文時代の中期になるときれいに、そっくり返った口縁を細工するようになります。縄文時代の中期から後期といわれる時代を通じて、一つのジャンルとしてこの土器が確立いたします。

図3にあるのは、後期のもので、おそらく最も丁寧に作られた土器の例です。これをわれわれは、精製土器と呼びますが、縄文土器の上物と下物は、後期ぐらいからはっきりした形をとってまいります。世界の先史土器、ヨーロッパとかアメリカとか、いろいろな地域に古い時代の土器がありますけれども、これだけ波形の口縁を発達させた土器というのは、世界でも珍しいのであります。縄目が付いている土器というのは、アフリカにもアメリカにも、世界中のいろいろな地域にありますが、口の部分に波形のピークを付けたものは、とても少ないのであります。縄文土器の特徴は、この波形口縁にあるといってもよろ

しい。その伝統のせいか、日本の家庭の食器の一つの特徴は、器の口が波形になっているものがかなり使われていて、洋食器はだいたいにおいて口縁が平らであります。しかし、おもしろいことに、縄文土器の後に弥生土器が作られますが、こちらにはまずほとんどといっていいほど、波形口縁の土器は出てこない。これは非常に大きな両者のコントラストであります。

さて、この波状口縁土器というのが実は私が「縄文人と数」というものを考える一番の資料になったのです。まず、土器が完全な形で残っていれば、波の山の数は、まごう方なく調べることができます。図3の1番の土器は、波が四つ。2番は五つ。3番が六つ。4番は非常に変わっていて七つの波を持っております。私が現在までに確認した中で、一番多いのは八つでありました。もっと数の多いのは、チョコチョコと小さな波状になるものですが、これは作り方が違いますから、正確には波状口縁土器とは言わない。

さて、縄文時代の人々は、この波の数をどのように決めたかということであります。たとえば、波が五つある場合、次の二通りの解釈がなり立ちます。一つは、最初から五つに作るという意図で作ったという考え方。もう一つは、はっきりした意図を持たずに作りはじめ、その結果として波の数がたまたま五つになってしまったという考え方です。後者の場合では、彼らが、数に対してははっきりした目的意図を持っていなかったということで、かなり大きな違いがある。そこで、まず、波の数というものが、いったい土器によって、どの程度の差があるのだろうか、ということを観察してみる必要がある。土器を作るには、立体的に下から粘土を積み上げていく。平らな口ができあがってその上に波を付けようとする場合、どうしても避けて通ることができないのは、円周の分割であります。土器を真上から見たとすれば、四つの取っ手を付けたいときは、五つのときは、こうした目印を付けて分割しなくてはなりません。円を割るとき比較的かんたんな方法は直径を利用して分けていくやり方です。これは非常に分けやすい。しかし、三つや五つに分けるというのは、なかなかむずかしいんですね。結局、どこかが多くなってしまう。要するに、直径を用いて偶数分割をしていくのは、それほどむずかしくはないが、三や五や七など奇数分割のときは、どうしても間隔が、うまくいかない。これは皆様が、デコレーションケーキなどを切るときのことを考えてくだされればわかると思います。

そういう目で、この土器を眺めてみたらどうなるでしょうか。「五」の単位を持っている土器の間隔は、かなり正確に行なわれているということが、多くの資料からわかります。少なくとも、「四」や「六」に割ろうとして失敗して「五」になってしまったと見えるような不揃いなものは少ない、ということです。間隔というものがかなりうまく取れています。そういうことからも、図2でみますと、「三」の分割も、取っ手の位置を大変うまく利用して行なわれている。これも「四」に分けようとしたら「三」になってしまったというのではなく、初めから「三」にするという意図のもとに作られていると考えざるを得ないわけであります。こうした実例を数多く見ていくと、縄文の人たちが波状口縁をいくつにするかということについてどう考えていたかが、時代と共にかなりはっきりわかってくるのではないだろうか、ということになってくるわけであります。そこで、縄文土器の突起の数というものは、それが製作された五、六〇〇〇年の間に、どういう変化をたどったかが一つの問題となります。

四　奇数を好んだ縄文人

波状口縁土器の一番古い例では、突起の数は、だいたい四つで円を四つに分割するために、⊕のように分けるのには、最もやさしいですから、こういう最も単純なものから姿を現してくるというのは、話としてはよく合うんであります。これは、縄文時代の早期に生まれて、長いこと続き、なかなかこの壁を破れないでおりました。中期になって、一つ少ない「三」という単位を持ったものが出てまいりますが、「四」より多いものは出てこない。「五」という数が登場してくるのは、実は縄文後期でありまして「六」という単位も出てまいります。後期になって初めて「五」より大きい数の波が作れるようになってくる。ただし、大多数は依然として「四」であり、「四」という数が円を区切るときに一番楽だという一般的な事柄から長い間使われたに違いないと私は思っております。しかし、後期になりますと、先ほど申しあげましたように、「五」「六」そして「七」や「八」というような数を持ったものが出現してくるようになる。こういう波状口縁土器の突起の数を見てまいりますと、明らかにひとつの数的な表現の変化が見出せることになる。そうしますと、「縄文人の用いた数」というもののおおよそ推論が可能になるわけであります。おそらく縄文人は「一」から「一〇」――実際の数としては「八」まででありますが、「一」から「八」までは、頭の中に描くことができた数であろうということが予想できます。彼らの土器に「三」「四」「五」「六」「七」「八」という数が出てくる。「四」というのは、おそらく円周の分割の中で最も基本的なものだから、出てくるということが、理解されるのでありますが、問題なのは「五」「六」「七」「九」という数です。「三」を割ることを知っていれば「六」ができる。しかし「七」は、独立した素数でありますから、最初に考えて割っていかないと成立しない。「九」は、実際には土器の上には現れておりませんので除くとしても、「三」「五」「六」「七」という数、つまり作りにくい半端な数を縄文の人々は、なぜ、わざと使ったのだろうか。私には長い間、不思議だったわけであります。「数詞」ということについて考えてみても、縄文時代の人々が話した言葉は今残っていないわけですから、これはわからない。しかし、少なくとも数の考え方、数に対する概念があったに違いない。おそらく彼らは、特定の数詞でそれを呼んでいたに違いない。そこで、問題をしぼって、なぜ奇数を使ったのかを考えてみなければならない。「四」を作ろうとして失敗して「五」になったのではなく、あらかじめ「五」が意図されていたことは明らかです。しかし、こうしたことからは縄文時代の人が「一」から「一〇」くらいまで数えられたということがあっても別におかしくはないということが想像できる程度のことです。しかし、数は単に物を数えるという働きだけでないのです。数というものには、ある種の文化価値が含まれるのです。具体的な資料を離れて想像を逞しくするのは考古学者としては、あまり良いことではありませんが、私自身は、そういうことを考えるのが好きなんで、数と文化の関係というようなものを、もうちょっと広い目で眺めてみたいと思います。その中で縄文土器の数というものがどのような意味を持ち得るんだろうかということを探ってみたいわけです。

五　アイヌ民族が使う特定数

まず、多くの民族学の事例が教えてくれていることですが、それぞれの民族に固有の数に対する価値があるといわれています。この文化価値というのは、だいたいにおいて、良い数と悪い数に分かれるのです。日本人が「四」を嫌うのは、これは「死」からきているということや、キリスト教徒が「一三」を嫌うことは、よく言われています。「四」や

「一三」が嫌いであるかどうかということは、数に対してある種の文化価値が付与されていることですから、それは説明することができるわけです。「一三」という数字を嫌うというのは聖書の問題でありますけれども、ある数を好ましいと感じたり、特に忌み嫌ったりする風習自体は、かなり古い段階からあってもよろしいことだと私は思います。そこで実際に日本の周辺の民族において、どういう数を使っていたか、それがどういう意味を持っていたかを考えてみたいのですが、縄文時代のことを考えるときに一番引き合いに出されなければいけないのは、アイヌ民族です。アイヌ民族は、特定の数「六」をものすごく偏用しております。ユーカラという神話の中で「六」が、いっぱい使われている。これは、その神話の中に「カムイ大伝」というのがあって、神と人をつなぐアイヌ初代の王、オキクルミ（アイヌラックルとも呼ばれる）という人物が出てまいります。このオキクルミには、日神様をつかまえて、とじ込め、世の中を闇にしてしまった大魔神オオマガツミを打ち倒し、再び日の光が照るようにした、という話があります。さて、このお話の中に「六」という数字がたくさん出てくるのです。大魔神が日神様を隠してしまったので、美しい山城にひとり平和に暮していたアイヌラックルに「日神を大魔神のところから救い出せるのはおまえしかいない。行って助けてこい」という命令が下りましたが、支度をするのに六日もかかってしまったので、お使いに来た神様は、あきれて一旦帰ってしまう。また同じことが起こって、もう一度命令され、アイヌラックルは今度は支度をして出かけました。大魔神は日神を木の柵と金の柵と岩の柵の中にとじ込めていたのでありますが、そのくだりには、「木の柵、金の柵、六重取り回すその中に、岩の柵六重を取り回すその中に、木の箱六箱その中に、岩の箱六箱その中に日神を置き見守って目放たず」とうたっています。つまり、木と金と岩の柵をそれぞれ六重にめぐらす。その中に日神をとじ込めていたということなんですね。そこで、アイヌラックルは、風に化けてその箱の中に忍び込み、日神を解き放つ。その後、いよいよ大魔神と決戦することになりますが、冬に六回、夏に六回、それからまた、冬に六回、夏に六回戦った後、大魔神を六重の黄泉の常闇の国へ追い落とした、というお話です。このように「六」という数字が非常に使われているわけですが、実は、アイヌの人々にとって「六」は「多くの、たくさんの」、英語で言えばmanyという意味をになっている数字なのです。ですから、「六重の柵、六重の箱」は、幾重にも数え切れないほどの柵や箱という意味ですし、「六日かかって支度をした」というのは、たいへん長い間かかって支度をしたという意味なのです。「六」という有限数を使って無限数つまり無限大の表現を行なう。ところで民族学の方では、こういう特定の数を「聖数」と言っております。

六　古代日本人の特定数

さて、アイヌの人々の「六」に当たる数値、つまり「非常に多くの」を意味する数は、実はわれわれの古代文化の中にもあります。それは「八」という数字です。これが一番よく出てくるのは、出雲の須佐之男命《すさのおのみこと》の神話です。須佐之男命は、高天原であんまり悪いことをするので出雲の国に追放されるが、八岐大蛇を退治して八重垣姫をめとる。八岐大蛇が毎年八人の娘を奪う。須佐之男命の子供たち、つまり大国主命《おおくにぬしのみこと》の兄弟は八十神という。このように「八」という数がたくさん出てくる。「因幡の白兎」にも「八」はたくさん登場しますし、八千歳、八潮路、八雲という言葉自身がそうですね。出雲の枕詞は「八雲たつ」であります。

このように、日本の古代の神話には「八」という数が非常に使われているのですが、おもしろいことには、この「八」が「一〇」と結合して many の意味になることです。今日でも、それは残っていて、たとえば名古屋では久し振りのことを「八十日目《やっとかめ》だね」と言います。こういうことから、「一〇」や「一〇〇」という数は、より後になって中国から来た考え方だと思います。これに、日本の古代に固有の数であった「八」が結合したということが、ある程度うかがうことができるわけです。

ところが、最近、私は非常に不思議な現象に気づいたのであります。つまり、日本の古代には「八」のほかにも固有な数があったということです。これは、話をするよりも考古学的証拠を実際にお見せした方が、おわかりいただけるでしょう。日本の古代の神話ができた頃に、盛んに愛好された物の一つに鏡がございます。今日でも鏡は神社の御神体として奉られておりますが、これは最初中国から渡来したものでしたが、やがて日本人はこれを模作したり変形したりしていきます。その中でも特に日本人が独創を加えた鏡に、「鈴鏡」という鏡のへりに鈴のついているものがあります。鏡は面《おもて》を映すものであり、鈴は楽器でありますから、この二つは全く別個に存在する道具であるという考え方から、中国では絶対にこういう鏡はありませんでした。ところが、どういうわけか日本に入ってくると、この二つが一緒になったのでこの「鈴鏡」は、巫女などが振りかざして踊る時に使ったもの、神憑《がか》りになって舞を舞ったりなんかする時に使った小道具であろうと言われておりますが、問題はそこについている鈴の数なのです。ごらんになっておわかりいただけると思いますが、奇数であるもの、あるいは「四」をとらないものが多い。最も少ないのは、四ないし三鈴鏡、次に八鈴鏡、七鈴鏡、六鈴鏡、最も多いのが五鈴鏡で、九鈴鏡は例がないようです。現在、こうした鈴鏡は日本全国各地で一四〇個ほど出土しております。鈴鏡の集成を行なった田中琢さんの研究によりますと、五鈴鏡が全体の約四〇パーセント、六鈴鏡が三五パーセント、次が七鈴鏡で一〇パーセント弱で、四鈴鏡や八鈴鏡は非常に少ない。全国で出土していますが、主に、群馬県を中心とした関東地方、古代では、東国といわれていた地方から、「五」「六」「七」などの鈴の数の鏡が出土しています。つまり、日本の古代において神話などで多く用いられた「八」という数は、この鈴鏡の中では、あまり好まれず、むしろ、「五」「六」「七」という奇数ないしは、それに準ずる数が盛んに使われているということです。そうしますと、こうした数について、何か土着的な価値が存在したのではないか。そのように考えられてくるわけであります。

ところで、日本で出土する鏡には、中国の漢や三国時代に作られたものをはじめとして、倭鏡と呼ばれる日本製の鏡、そして、この中間に中国製をまねた日本の鏡として仿製鏡《ぼうせいきょう》という一群があります。これは作りが日本というだけで、原則は中国のものを写すのですから、いろいろな意味では中国鏡と同じような文様を持っています。しかし、文様の割りつけ方を見ますと、中国鏡では、円周を四等分して、⊕の一単位に文様を入れるのが基本です。「四」を基準にした八等分も行なわれますが、原則は「四」です。一方、倭鏡の代表である鈴鏡に付けられる鈴の数とその間隔を見ますと、「五」や「六」や「七」の鈴が、きちんとうまい間隔でおさまっている。六つ付けるところが五つになってしまったとか、四つ付けるべきであったのが五つになってしまったという代物ではなく、最初から、きちんとプランニングされて付けられたということがわかる。これは、文様を描く位置についてもいえます。それを最も端的に示すのが、一〇人の人物が狩りをしているありさまが裏面に描かれている、群馬県出土の狩猟文鏡です。これは非常に珍しいタイプなのですが、日本製であるということがわかっています。一〇人の狩猟をする人物が、鏡の外側にあたる、外帯に描かれており、一人が一区画の文様を作っている形をとっています。つまり、円を「一〇」の単位に割っているわけですが、これはまず「五」に割って、さらに半分ずつに割らなければできません。そもそも鏡を鋳る技術自体は中国から伝播したものですが、日本的な文様を持ったり、独自のアイディアがそこに加わるようになると、どういうわけか、数の上でも中国で使われる原則の一部が行なわれなくなり、「五」や「七」や「一〇」など、不思議な分割の方法を採用するようになってくる。

七　日本文化と奇数の愛好

日本の古代の特定数というものは、神話などには「八」という形で定着しているが、決してこれだけではなく、どうも奇数に対する特殊な考え方があったのではないかと考えられるのです。鈴鏡というのは、おそらく鏡のまわりに鈴をいっぱい付けることに一つの意味があったとすれば、最も付けやすい数として八鈴鏡というのが最も多くていいはずだ。割り付け方も楽だし、できばえもきちんといくし、鈴の数も多く、振った時に賑やかな音がする。ところが、五つや六つや七つという鈴を付けたというのは、単に数が多いということを良しとしたのではなく、これらの数にある意味を持たせたのではないか。こう考えない限り、これらの不思議な数の説明はできないように思われます。すなわち、古代日本の神話には、確かに「八」が固有の意味を持っていたが、神話の記録には取り込まれなかった辺境の地域においては、奇数を愛好する風習があったのではないか。それを最も古い形で表しているのが、先ほどお話し申しあげた縄文土器の「五」や「七」の突起の数ではなかろうか。これは弥生時代に一旦姿を消した形になりますが、古墳時代ないし古代の東国において復活し、鈴鏡の中で奇数を重んじるという形で再び姿を現してくる。さらに、鈴鏡は単なる楽器でも装身具でもないということであってみれば、宗教的な小道具であることは、もはや間違いがない。だとすれば、ここに使われている数というものが、一種の宗教的な、あるいは何らかの力を持った数であるという考え方を持たざるを得なくなってくる。奇数を愛好するという日本人の特殊な考え方が、古くは縄文時代に遡れるとすれば、今日のわれわれの生活にも、それが存在してはいないだろうかということも問題になることです。

こういうことをいろいろと考えておりました折、私は、ある日愕然とする講演に接したのであります。それは、故池田弥三郎先生の「民俗学と数」という講演でした。先生は、そのお話の中で、奇数に関するいろいろな事例を引かれました。たとえば、なぜ、「二・四・六」ではなくて「七・五・三」なのか。「お七夜」や「初七日」や「十三参り」などは仏典その他から説明されるのだろうが、そのほかにも、奇数を使う風習が民間習俗の中にある。しかし、その理由はわからないというのが、そのお話の結論でございました。私は、このお話を聞いて俄然、奇数の問題の大なることの感を深くし、それ以後、民間習俗の本を読みあさったりネタを探してきました。しかし原理的な意味をつきとめるには、科学的に証拠を提示していかなくてはならないことで、記録のないものについての起源を説明するとなると、どうしても見てきたような話に陥りやすい。ですから、本当の意味での説明は現在のところつきがたいと考えざるを得ません。しかし、少なくとも、池田先生も言われましたように、民間習俗の中に奇数をもとにした考え方があったという事実は残るのであり、この疑うことのない日本民族の習俗が、隠れた形で今日のわれわれの考え方にまでつながっていることは十分考えられる。それは、いろいろのレベルで存在すると思いますが、ここに一つの試みとして、家紋を考えてみたいと思います。

八　日本の家紋の特徴

家紋についての研究は、非常に歴史が古くいろいろあるのですが、ここでは簡単な本から引用しました。日本の家紋の一つにして最大の特徴は、円の中の区画をデザインするということです。もちろん円形でないものもありますが、たいていは円です。その区割りの数に注目いたしますと、「二」「三」「四」「七」とありますが、「五」が圧倒的に多い。図3に示されているのは、唐花紋と桔梗紋ですが、五分割が非常に多い、また桔梗紋のところに出てきますように、「秋の七草」と言うのですが、なぜ「六草」や「八草」ではいけないのか。語呂の関係だという人もおりますが、なぜ七つという特定な数が選ばれてくるのだろうか。「五」については、梅などの花びらが五枚あるからともいえそうですが、本当のところなぜ「五」が、これほどまでに使われるのかはわからない。おそらく本当の意味は忘れられてしまったが、遠い昔に何らかの形で奇数に対する信仰ないし価値観があったのではないか。その民間習俗が、たとえばこのような家紋のデザインの中に生きているのではないか、と考えさせられます。

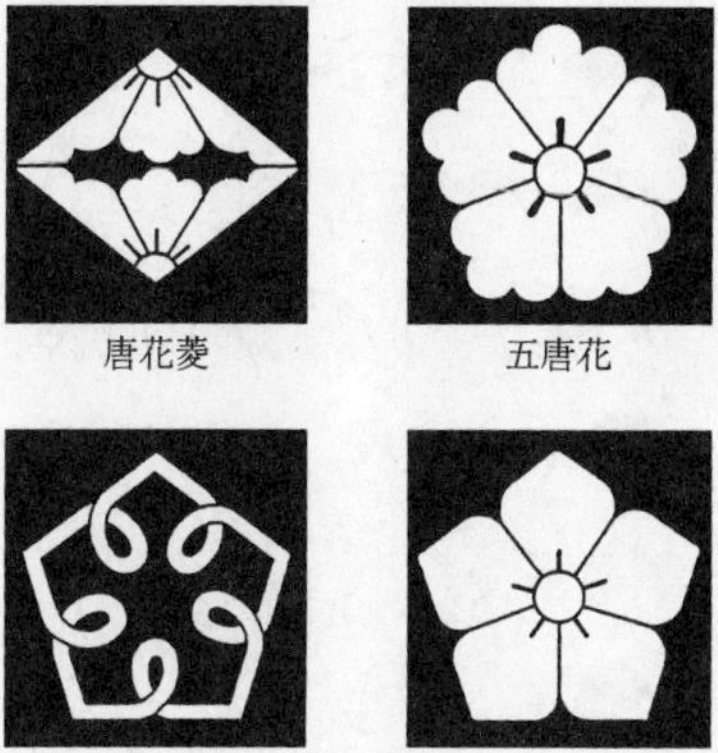

図３　唐花紋（上）と桔梗紋（下）

こうした古い風習や今日にまで残っているという例は、たとえば漢字の書き順にも見ることができます。書き順というのは非常に特殊なものですが、われわれの文化の中で、漢字をある順序に従って書くということは、うるさく教育されます。たとえば、子供が「口」という漢字をこう□書いたらどなたも眉をひそめます。われわれは、書き順にこだわるのであります。決まりを守って何かを作るということは、縄文人も持っていました。それを対比する意味で図４のメキシコの寒村

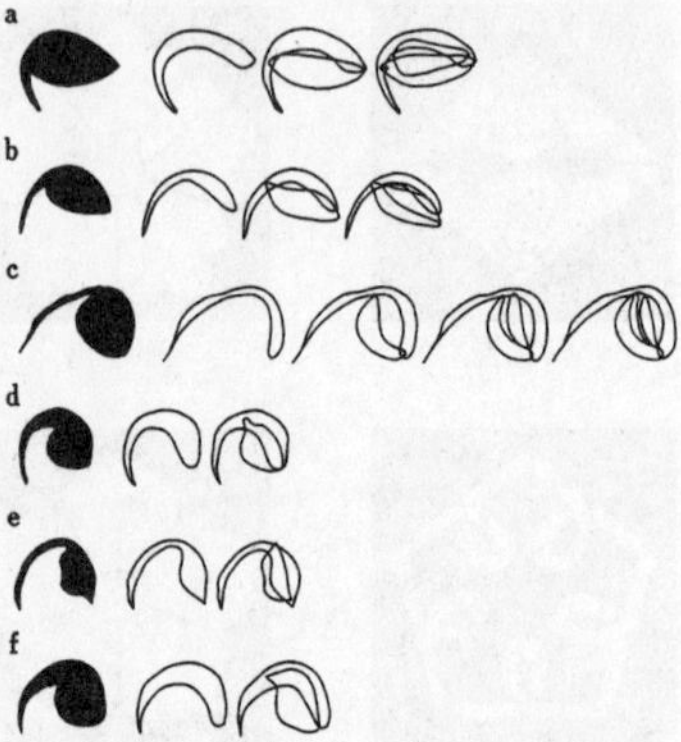

図4　メキシコ彩文の描き順

で作られている彩文の描き順を見てみましょう。このオタマジャクシに毛がはえたようなのが文様で、黒く塗ってあるのが出来上がりの模様です。aからfまでの陶工がどのような順序で描いていったかを示していますが、aの陶工は、「つ」の字の反対のようなものを描き、次に下に引いて、そして余ったところにボテンと落して、三ストロークで模様を完成させている。aとbは、確か親子ですから、だいたい似たような描き方を示している。cは入念に四回のタッチで完成させているが、dは非常に怠慢で、ツー・ステップでヒョイヒョイと描いている。eとfも、ツー・ステップです。こうして見るとcの陶工がこの村では一番優れた陶工で、aとbは血縁関係、defは、別のグループ、かなり手を抜いて仕事をする人たちということがわかる。これは、ハーディンというアメリカ人の女性研究者の研究で、この図は私の縄文土器についての文様の描き方の進度表と同じように、仕上げまでのステップを示したものですが、彼女は、このことから、先史時代の土器がどういう個人によって作られたかを追跡できる可能性があると言う。しかし、縄文土器は、案外描き方のルールを守るところはきちんと守っていまして、個人差を示すような描き順のバラつきは少ないので、必ずしも、ハーディン女史の言う分析によっては解けない点があります。今日のお母さん方が、子供の机のそばで「口の字の書き方はこうじゃないのよ」とギャンギャンやるような、口やかましいやり方で、縄文土器を新しく作る人に教えたのではないかと思わせるほど、個人の偏差があまりないのであります。書き順なんていうことは、私どもがこだわるだけではなくて、案外と縄文時代の土器の文様を描く手順というような意味で、すでに存在していたと私には思えるのであります。

九 技術・知識の継承

考古学の資料を細かく観察していきますとこうした問題がいろいろと拾えます。しかし、土器をじっくり見なくてはなりませんので、かなり手間がかかる研究です。一個の土器を眺めていると、どのような手順で、出来上がっていったのかということがわかってくる。文様の重なり具合から、資料に示しましたような手順というものが出せるのであります。メキシコの例は個人の違いを現しているが、縄文土器では時代が変わって多少の変化はあっても、ほぼ同じような手順を踏襲している。これは、それぞれの社会の中における文化の継承の質の問題だろうと考えるのであります。確かめようはないが、縄文土器は女性が作ったのだろうと私は考えています。もし、そうであったとすれば、母親が娘に、お菜の刻み方からイモのゆで方を教えていくような感じで、土器の作り方を教えていく。「ここはこうするんですよ。これはこうも描けるけど、こういうふうに描かなきゃいけません」というようなことを教えたのではないでしょうか。

こんなふうに見ていくと、縄文時代にも今日のわれわれが行なっている事柄を、当然のこととして行なっていた形跡がある。それが意外に時代を越えてある種の共通性で結びつけることができるような気がします。こういう研究が研究として体をなしているのかどうかは、私にはよくわかりません。研究というものは、もう少し整合性のある論理をはっきりした筋道で提示するものだと考えるなら、私のやり方は必ずしも研究とは言えないかも知れません。しかし、かつて行なわれていた習慣というものが、考古学的資料という具体的な形をとって存在することは紛れもない事実であります。それについて私どもが、今日の立場から解釈を行なうことは、過去を振り返る者の立場として許されることであると思えますし、また、それは歴史に対するひとつの共通した興味の持ち方だろう、というふうに私は思っております。

Ⅲ　歴史考古学の広がり

犬猫・大名・ぜに

一　犬猫の墓

考古学の本領は、文字による記録が未発達な古い時代の歴史を、当時の人々が使っていた「もの」を通して明らかにするところにある。当の専門家である筆者も少し前まではそう信じて疑わなかった。文字による記録が豊富になれば、なにもいちいち考古学資料を持ち出さなくても、十分に過去の出来事が明らかにされるというわけだ。ところが、そうした時代でも、考古学資料から面白いことがわかるのだということに気がついた。きっかけは犬猫の墓である。

昭和五三年に筆者は港区教育委員会の依頼を受けて、電電公社のコンピューターセンター建設によって消滅する運命にあった、港区・伊皿子貝塚の調査を行なった。この縄文時代後期の貝塚は、品川と田町の中間にあたる高輪台地上にあったが、そこから江戸時代の

図1　伊皿子貝塚出土の犬の墓石（砂岩製）

陶磁器や墓石なども若干出土した。その中に図1に示したような犬の墓があった。刻まれた文言から文政一三年（一八三〇）七月二〇日に死んだ狆《ちん》で、名は白だったということがわかる。別の墓石には、

天保乙未年九月一日
離染脱毛狗之霊
三田御屋鋪大奥御狆　　名染

と刻まれており、一八三五年に死んだ三田の大名屋敷の大奥で飼われていた染という狆の墓だとわかる。してみると、先の白も御狆とあるから、やはり大名の奥方のペットであったようだ。高輪台地には細川家をはじめとする大名屋敷がいくつか存在していたから、それらのお屋敷で飼われていた犬猫が、死後格別の思し召しで墓石を立てられたのだろう。

江戸時代には箕輪の浄閑寺（現荒川区南千住二丁目）に、病死した遊女のなきがらを、葬式もろくに出さず投げ込むようなことが平気で行なわれていたのに、墓石まで立ててもらえた犬猫がいたということに、当時の社会の一端を垣間見る思いがした。いつ頃から盛んになってきた風習なのかと考えていたところ、両国の回向院に同じような犬猫の戒名を記した過去帳があることがわかった。さっそく古文書の読める大学院生をお供にその過去帳を拝見したところ、天保から嘉永におよぶ幕末期に犬猫合わせて一一例の戒名が記されていた。

この過去帳で興味深いのは、犬猫の回向を依頼した施主が記録されていたことで、「松平伊豆守殿奥方より右墓相立候事」という記述があり、過去帳に記した上で墓石を立てたことがわかる例や、「白梅　取次　金吾」という思わせぶりな記述もあった。白梅は遊女の源氏名か、奥女中などの名前だと思われ、金吾は白梅の依頼を回向院に取り次いだ者だが、武士の次・三男にありそうな名前で、二人がどのような間柄であったのか好奇心をくすぐるものがある。過去帳に記された施主の多くは武士と思われる人物で、町人とはっきりわかる例は「大和屋」、「萬屋久蔵」など数例に過ぎなかった。幕末期の武士社会の中に今日のペットの扱いに連なる風習があったことがこれではっきりした。

二　大名の墓

考古学資料と文献記録とを結びつけると、文字記録が十分に存在する時代でも意外なことが明らかになるものだということが、犬猫の墓石の収穫となった。その後昭和五七年に港区教育委員会の依頼で、河井継之助で有名な越後長岡藩一〇万石牧野家の墓地改葬に伴う発掘調査を済海寺で行なった。江戸時代墓の調査としてもっとも有名な例は、芝増上寺の徳川将軍墓の調査で、堅牢な切石積みの石室の中に密封された棺があり、その中に盛装した将軍の遺体が埋葬されていた。牧野家の場合は、将軍墓よりは簡略化された構造ながら、同じような切石作りの石室と遺体を密封する二重の木棺があった。

牧野家の墓の調査で注目されたのは、その副葬品だった。鎧、兜、刀といった武士の身分を思わせる副葬品は皆無で、煙管、印籠、硯、落款、金貨といったおよそ武士らしからぬ品物ばかりだった。もしこれらの墓に図2に示したような墓誌がなければ、副葬品だけからではとても武士の墓とは断定できないことがわかった。徳川将軍墓には林大学頭による堂々たる墓誌が記される。大名家の場合は身分、出自、没年を記す簡単なものだが、厚い銅板に彫りこまれ、木棺の上部におかれていた。正室の墓も墓誌を伴う場合が多いが、この場合正室の家柄が重要だったらしい。図に示した墓誌は牧野家八代の牧野忠寛（一七四一～六六）とその正室（?～一七八九）のものだが、正室の墓誌のほうが堂々としている。これは正室が九代将軍家重の側用人として幕閣の中枢にあった大岡忠光の嫡出の女、長姫であったからである。墓の中の人目に触れない所にも、身分や出自の格差が歴然と残されているのには驚かされた。

調査された大名墓で武士らしい副葬品を出土したのは、仙台藩伊達家の初代政宗（一五六七～一六三六）の墓くらいで、ここには鎧櫃と太刀があった。しかしそこにも、皮袋に収められた三枚の慶長一分金という、武士らしからぬ副葬品が存在していた。大名墓の副葬品には貨幣がしばしば存在しており、伊達家三代目の綱宗（一六四〇～一七一一）の墓

図2　牧野家八代忠寛と正室の墓誌（36.3×9.0×0.4cm 左側）

からは、宝永小判一枚と巾着に入れられた六枚の寛永通宝《かんえいつうほう》が、盛岡藩南部家三代目の南部重直の火葬骨を収めた甕棺内から慶長小判一二枚、銭貨二一枚以上（大部分は古寛永通宝）が出土した。また、先に紹介した牧野家では、六代忠敬（一七二九～四八）の棺内から元文一分金三枚、七代忠利（一七三四～五五）の棺からも元文一分金二枚が出土した。これらの貨幣の中でとくに注目されるのは巾着に入れられた六枚の寛永通宝である。というのは、六道銭は中世から近世にかけて、階層を超えて多くの人々によって行なわれた習俗で、まさに柳田国男のいう「常民」の習俗にふさわしいものだったからである。

三　ぜに

考古学資料と文字記録の突合せの中から、従来の歴史復元の中では見落とされてきたことがらを拾い上げることができるのではないかという感覚が、以上のような経験を通して次第にはっきりとした形をとるようになってきた。そして昭和五九年からはじまった港区役所新庁舎建て替えによる近世墓地の調査を経験することにより決定的となった。これは増上寺子院群に付属した江戸時代墓地の調査だったが、埋葬人骨と共に墓の副葬品として陶磁器、漆器、煙管、人形、銭貨《せんか》など多数の江戸時代の遺物が出土した。

これら江戸遺跡の調査は、日本の考古学研究が発展した結果、江戸時代にまで研究の視野を拡大させた結果行なわれるようになったのではない。バブル経済の膨脹に伴って引き起こされた都心部再開発による建設ブームで、多くの江戸遺跡が破壊の危機に瀕し、遺跡保存のため緊急に調査する必要が生じたからである。それゆえ、当時の日本考古学界に近世考古学の専門家などはほとんど存在しなかった。破壊される遺跡を記録に留めるべく緊急発掘に出動した人々の多くは、縄文、弥生、古墳といった全く別の時代の専門家で、かく言う筆者も縄文研究者の端くれとして、江戸遺跡の調査に乗り出したわけであった。

緊急発掘というのは、遺跡が破壊されるまでの期間に調査を終わらせるという、いわば緊急出動だから、専門的知識のあるなしを云々していてもはじまらない。とにかく最善を尽くして発掘する以外に方法はない。とはいえ、出土してくる遺物・遺構は、これまでほとんど経験したことのないものだけに、まさに手探りで調査を進めるような状態だった。そんなわれわれの状況を彷彿とさせるのは、当時の発掘現場ではやった替え歌だろう。題は『江戸の新兵』で、本歌は軍歌『空の神兵』である。新兵としたのは江戸の考古学については誰もが新兵だったからである。本歌の「この山河も敵の陣……」というくだりをもじって「あの徳利も江戸のもの、あのそば猪口も江戸のもの、あの大皿も江戸のもの」などとなかばやけ気味に飲みながら歌っていた。われわれとしては、まさに江戸遺跡という未知の敵陣のまっただ中に降下した心境だったのだ。

江戸の考古学を単なる緊急発掘に終わらせるのではなく、そこから出土する遺跡・遺物の文化財としての価値を多くの人々に紹介し、遺跡の保存をより積極的に進める必要は、バブル経済の進展と共に日に日に強まっていった。多くの人々の、考古学にとって江戸時代の遺跡・遺物は本当に必要なものなのか、というまなざしをひしひしと感じるようになってきた。とくに発掘調査費を負担する開発側の人々にとっては、江戸時代の遺物とは瓦や瀬戸物の破片といった、ガラクタの集合に過ぎないのではないか、そんな対象に高額の調査費を拠出したり、貴重な建設のための時間を空費されてはたまらないという思いがしたのは無理もない。

江戸時代の考古学資料が、文化財として重要な価値を持っていることを、多くの人々に説明していくには、それらの資料を用いて近世の歴史で従来明らかにされていなかった、新しい問題を提示していくことが一番大切だと感じるようになった。累々と出土する早桶、人骨、陶磁器、瓦などの中から、六道銭と呼ばれる埋葬銭貨を取り上げようと思いついたのは、そんないきさつからだった。三途《さんず》の川の渡し賃として、庶民、大名の区別なく死者に持たせた銭貨は、近世における銭貨使用の状況を具体的に示す資料であるばかりでなく、当時の貨幣流通を復元する第一級の資料であると気がついた。

芝増上寺の六道銭には、中世以来使われてきた渡来銭と、徳川幕府が本格的に鋳造を開始した古寛永通宝などが混在していた。そこで、中世から近世への銭貨の移り変わり、渡来銭から古寛永通宝への流通銭貨の交代という経済的事件が、出土六道銭という考古学資料の分析を通して、いかに描き出せるかに挑戦することにした。縄文土器や貝塚の研究をもっぱら行なってきた筆者にとって、これはある種の冒険だった。これまでの縄文研究者としての研究蓄積はほとんど役に立たないし、下手をすればとんでもない間違いをしでかすことにもなりかねない。

手始めは社会経済史学会に入会し、研究発表を申請することだった。銭貨流通の研究だから、考古学の専門家の前で発表してもしょうがないわけで、経済史の専門家の評価をまず受ける必要があり、まさに気分は駆け出しの大学院生といったところだった。幸いにも経済史の諸先生方には、出土銭貨の研究に関心を持って頂けたようで、この間考古学の仲間からは、今日も先生は「おぜぜ」の研究ですかとか、おまえが歩いてくるとジャラジャラと音がするようだなどと冷やかされながらも、六道銭から備蓄銭へと出土銭貨の研究は軌道に乗っていった。一体全体どんな研究なのだろうかと訝る向きには、拙著『出土銭貨の研究』（東京大学出版会）をご覧頂くとして、少なくとも出土銭貨という考古学資料が、経済史や中世史、近世史の研究に有効な情報を提供し得るのだということは明らかにできたと思っている。今後は銭貨と人々との関係を社会史、民俗学などの分野にも広げて検討し、さらには海外の出土貨幣研究とリンクさせて、貨幣研究の広がりを追求してみたい。

六道銭に見る江戸時代の銭貨流通

一　江戸時代の考古学と六道銭

私の本来の専門は、江戸時代よりもはるかに古い縄文時代の考古学です。貝塚を発掘したり土器や石器を扱っていた私が、どうして江戸時代の考古学を物好きにも始めてしまったのかをまずお話ししておく必要があるでしょう。私の勤務しております慶應義塾大学は港区の三田にありますが、三田という所は上野の寛永寺の近くの谷中と並んで、寺の多い所なのです。江戸の町が最初につくられたころの寺町は、今の中央区八丁堀にありました。しかし、江戸の町がだんだんと大きく発展していくにつれて手狭になり、北の谷中と南の三田のほうに寺が移転してくるようになったのです。これにはしばしば起こった大火にも原因があったといわれており、その結果一種の江戸の町の都市改造が行なわれたのです。そんなわけで、三田の近くに多数のお寺があるわけですが、それらのお寺の敷地内にビルが建ったり、墓地そのものの改修が行なわれたりすることがしばしば起こります。とくにここ一〇年ほど前から、いわゆる都心部再開発ということが盛んになるにつれ、近世遺跡の調査が数多く行なわれるようになりました。港区でも多くの調査が行なわれましたが、その多くは先ほど申し上げたお寺に関する遺跡、つまり墓地の発掘だったのです。私が本格的に江戸時代の考古学とかかわるきっかけになったのも、越後一〇万石の殿様である牧野家の墓地移転にかかわる緊急調査でした。それ以後、多くの江戸時代墓地を発掘してきました。早桶に納められた何百体という遺体を発掘してきましたが、それには実にさまざまな副葬品が納められていました。その中の一つにこれからお話しする銭があったのです。

この墓に銭を入れる習俗を「六道銭」と呼んでいるのですが、たぶん中世後期に始まったと考えられます。中世には地獄草紙とか地獄絵といったものが描かれていました。これは生前に悪いことをしていると死後地獄に落とされる、針の山に刺されたり、閻魔大王のまえで舌を抜かれたりする。これは庶民に仏教の教えをわかりやすく説教するときに使われたのでしょうが、要するに六道銭の副葬はそういう地獄に対するイメージが庶民のあいだに行き渡ってきたころから始まった習俗だったと考えられます。人が死ぬと死出の旅に出ることになるわけですが、そこでまず渡らなければいけないのが三途の川でした。そこには意地悪な渡し守がいて、渡し賃を払わなければ船で向こう岸に渡してくれない。だから、お葬式のときに死者に六枚の銭を持たせてやらないと、そのひとは冥界に入っていくことすらできない。このような一種の信仰が中世後期ごろから信じられるようになり、江戸時代には大流行したのです。あまりそれが盛んになったため、銭の損失を恐れた徳川幕府は寛保二年（一七四二）に町触《まちぶれ》を出して六道銭の副葬を禁止しようとしたのですが、全く効き目がなく、その後も盛んに銭をお棺の中に入れていたのです。

江戸時代の六道銭にはどのような銭が入れられていたかといいますと、徳川幕府が寛永一三年（一六三六）に最初に鋳造した「古寛永通宝」から、寛文八年（一六六八）に鋳造された銭の背面に「文」の字が鋳だされているいわゆる「文銭」（文字寛永通宝）、元禄一〇年（一六九七）以降に鋳造された「新寛永通宝」といった寛永銅銭から、元文四年（一七三九）以降日本の各地で大量に鋳造された鉄製の「寛永鉄銭」、さらには幕末に鋳造された「文久永宝」など、江戸時代に発行された銭貨はすべて含まれます。さらに注目すべきこととしては、江戸時代の前期（一七世紀）の墓からは古寛永通宝とともに中世以来使用されてきた中国製の「渡来銭」も一緒に発見されるのです（図4参照）。

ご存知のように日本の中世では、貨幣は銭貨しかなく、しかもその銭貨は唐代以降の中国王朝が鋳造した銭貨を輸入して使っていたのです。勿論それ以前に我が国には和同開珎《わどうかいちん》をはじめとする、古代律令政府が発行した銭貨、いわゆる「皇朝十二銭」がありました。しかし、それらは貨幣としての役割を果たすというよりも、古代律令政権が中国王朝のやり方を模倣してつくった象徴的なものであり、とても当時の社会には貨幣が機能していくのに十分な条件はまだ生み出されてはいなかったのです。中世になると商業や外国との貿易も盛んになり、貨幣を必要とする条件が成熟してきたのですが、今度は中世日本の政権の体質に問題がありました。鎌倉、室町幕府とも、政権としての権力基盤が弱く、銭貨の発行と管理を十分に行なうことができなかったのです。

貨幣の流通にとって大切なことは、それを使う人々がその貨幣の価値を信頼することです。それがなければ、インフレが起こったり、流通過程で貨幣の受け取りが拒否されたりします。ですから貨幣を発行する立場からすれば、その貨幣に対して信用を与えるための政策が必要になります。通貨の規格や品質を管理し、その発行を独占して贋通貨の発生を厳しく取り締まったり、経済の動きに対して適切な管理を行なえるだけの強力な政治権力を持っていなければ、その社会で貨幣を円滑に流通させることはできないでしょう。また、近代以前の貨幣は金属貨幣が中心でしたから、貨幣の発行には金属地金を十分に確保することも大切です。これには鉱業の一定の発達と、鉱山資源に対する独占が必要でした。日本の中世にはこれらの貨幣発行にかかわる諸条件が満たされていなかったのです。これが、中世の諸政権が日本独自の貨幣を発行できず、中国から銭貨を輸入しなければならなかった理由でした。朝鮮海峡の沈没船から八〇〇万枚もの銭が発見されたり、鎌倉の浄智寺に埋まっていた大甕の中に約二〇万枚もの銭が納められていたことなどからわかるように、日本の中世には大量の渡来銭が流通しており、それで貨幣経済が成り立っていました。日本の中世は貨幣の流通という点では中国と同じだったのです。

それでは近世になったらどうなったかといいますと、徳川政権は関ヶ原で勝利を収めるやいなや、その翌年の慶長六年（一六〇一）にいち早く貨幣を発行します。ところがそれは金・銀貨であって、銅銭の発行は実はそれより三五年も遅れた寛永一三年（一六三六）のことです（実際には慶長通宝という銅銭が発行されたのですが、発行量が大変少なく、とても一般に流通するようなものではありませんでした）。それではその間に銭貨は何を使っていたのかというと、中世以来の古びた渡来銭を使っていたのです。世の中は徳川になって、金・銀貨も徳川のものになったけれども、銭だけは徳川のものにまだなっていない。こういう時期が江戸時代の最初の三〇年間以上も続くわけです。このように見てくると、徳川幕府が寛永一三年に「古寛永通宝」を発行したのは、中世以来使用されてきた中国製の「渡来銭」から、日本独自の銭貨の発行へと貨幣の使用を切り替えたことを意味します。別ないい方をすれば、中世的な銭貨から、近世的な銭貨の使用への切り替えを行なおうとしたことといえるでしょう。勿論徳川幕府は「慶長金銀」と呼ばれる金・銀貨をすでに発行していました。しかし、金・銀貨は貿易の決済や特殊な大口の取引などに用いられるものので、多数の一般民衆が日常の経済活動に用いる貨幣はやはり銭貨でした。ですから、一般の庶民に「徳川の銭」を実感させるものとして「古寛永通宝」の発行は大きな意味があったのです。なぜなら、それは「徳川の銭」という以上に、「徳川の世」というものを多数の庶民に実感させるものにほかならなかったからです。

ですから、渡来銭から古寛永通宝への銭貨の切り替えは、日本で最初の大規模な流通銭貨の切り替えだっただけでなく、中世から近世への貨幣の交替、徳川政権における貨幣政策の完成という歴史的転換点を示す重要な出来事であったのです。徳川幕府にすれば、新しく発行する古寛永通宝が、人々の間に受け入れられ、滞りなく流通していくことは、取りも直さず徳川幕府の政策が受け入れられていくことにほかならず、その流通が拒否されることは、徳川幕府の政治的威信を傷つけるものと映ったことでしょう。私が、江戸時代の六道銭に注目したのは、このような意味を持った通貨の切り替えが、実際にどのように行なわれていったのかを、確かめられるのではないかと考えたからです。というのは、これまでの研究では、この間の銭貨の交替についてあまり詳しいことがわかっていなかったからです。銭貨の交替のありさまを詳しく伝える文献記録もあまり残っていませんし、通説では渡来銭から古寛永通宝への切り替えにはかなりの時間的経過を必要とし、おそらく寛永一三年から三〇年以上を経過した寛文年間（一六七〇年頃）になったのではないかといわれていたのです。この従来の説のとおりだとすれば、徳川幕府成立後、半世紀以上経っても、銭は相変わらず中世以来の渡来銭を使い続けていたという不自然なことになってしまいます。

二　六道銭から江戸時代の銭貨流通を復元する

ではどうやって六道銭から江戸時代の流通銭貨の交替を描きだすのか、ということになりますが、そのまえにまずは六道銭そのものがどのようなものであるのかをご覧に入れる必要があるでしょう。少し話が理屈っぽくなってきたことでもありますから、図や写真で六道銭についての具体的なイメージを持っていただくことにしましょう。写真1は私がこのようなことを初めて考えるきっかけになった港区芝公園一丁目遺跡の遠景です。ここは江戸時代には芝増上寺の境内になっていまして、多くの子院が建てられていました。発掘を行なったのもそうした子院群のうちの一つで、江戸時代の地図にもその位置がはっきりと記されています。遺跡は寺院に付属する建物群と墓地とから成り立っていました。写真2に示しましたように、墓の多くは早桶と呼ばれる桶状の棺に遺体を納めて埋めてあります。だんだんと時代がたつにつれて、埋葬される墓そのものが増えてきます。その結果以前から墓のあるところにさらに墓をつくるようなことになって、前の墓が後からつくられた墓によって壊されてしまうこともしばしば起こりました。写真3をご覧になれば、江戸時代の墓がいかに混み合っていたかがわかるでしょう。ですから、一つの墓地遺跡を調査すると、数百体もの遺体を発掘することも珍しくありません。

写真１　増上寺子院群遺跡の遠景

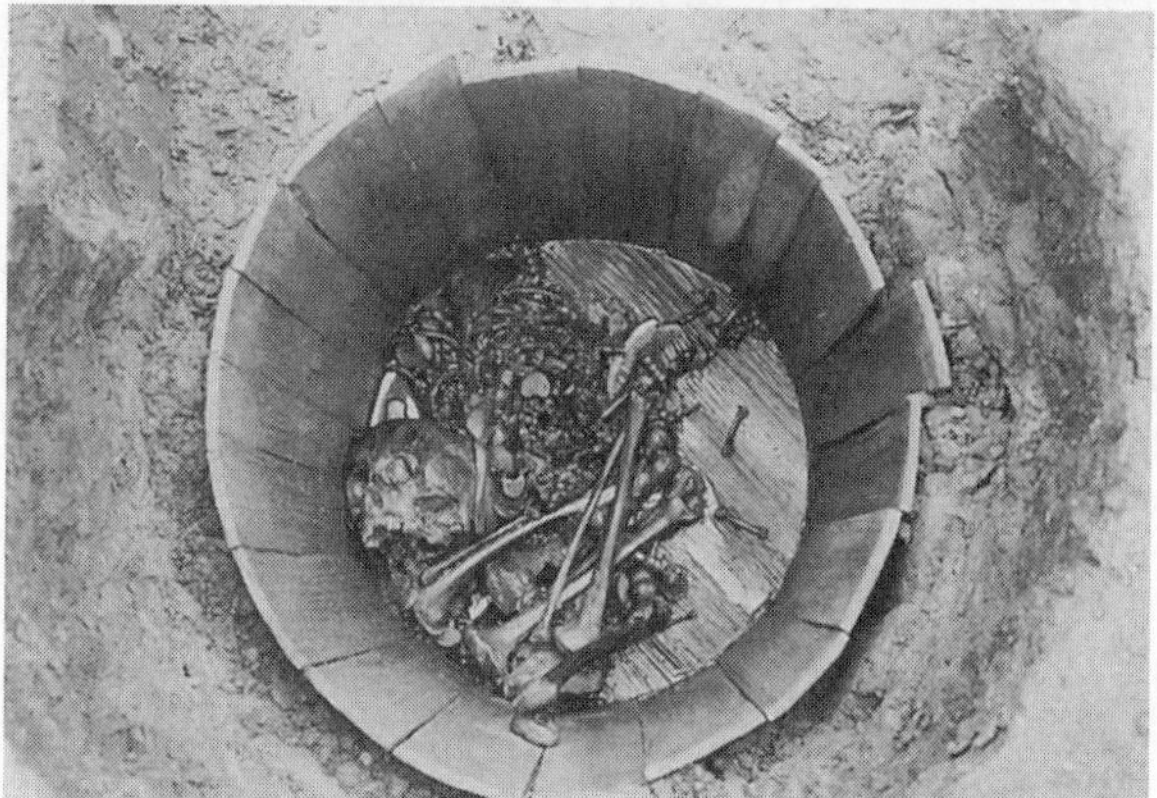
写真２　早桶の出土状況

写真3　江戸時代の墓地密集状態（増上寺子院群源興院遺跡）、写真1～3提供：港区教育委員会

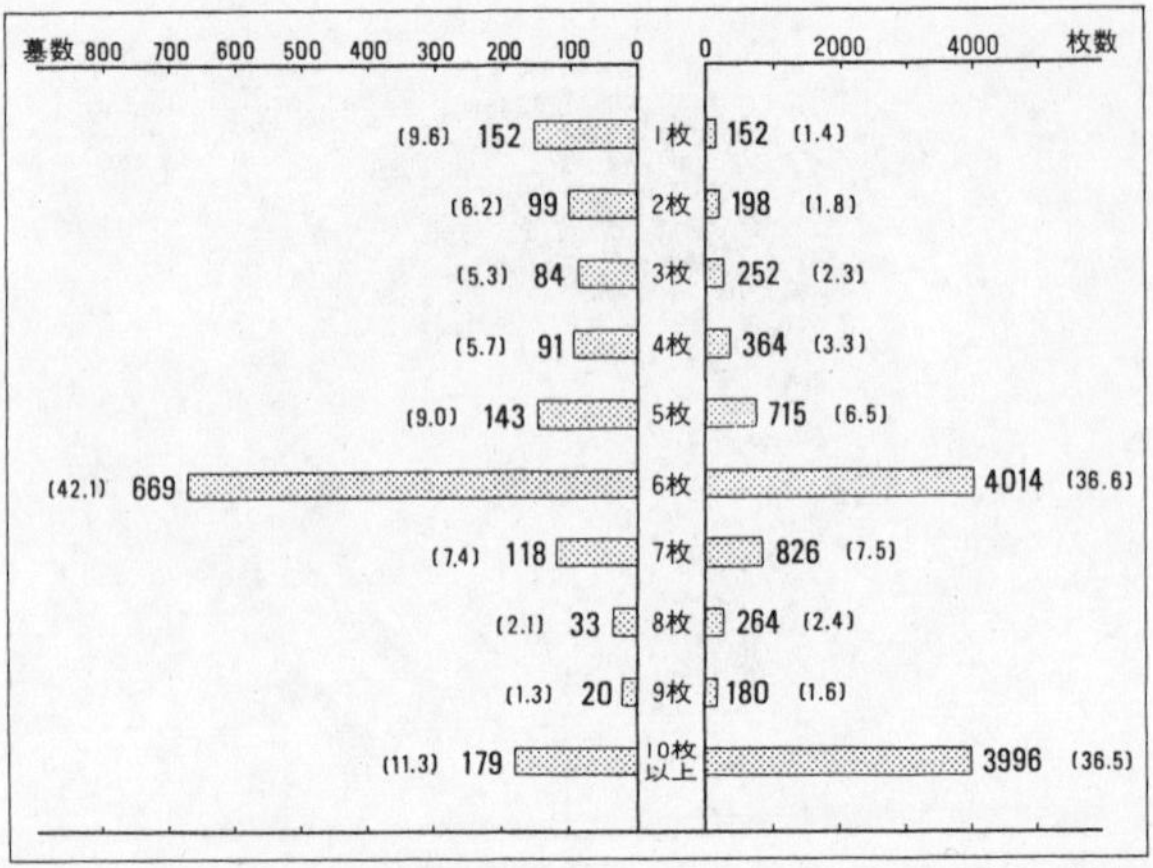

図1　六道銭を副葬された墓の数（左）と、その枚数別銭貨量（右）
これから、6枚の銭貨を副葬する例が669墓で全体の42％以上であることがわかる。しかし銭貨の枚数の合計では、10枚以上の六道銭がかなりの量で存在することがわかる。

実際に六道銭がどのように遺体と一緒に副葬されるかといいますと、図2・3のように膝を折り曲げて胎児のような姿勢をして遺体が早桶の中に納められるのですが、そのとき両手を胸のところに合わせたり、組んだりさせ、手の中に六枚の銭を持たせるのが多かったようです。組んだ手には数珠を巻いてある場合も多く、銭と数珠が一緒に発見されます。銭の中には、紙や布で包んだと見られる例もあります。これは今日でも遺体の首に布製の小さな頭陀袋を懸けてやる風習と同じものでしょう。事実、今日でも葬儀屋さんによっては、このような頭陀袋に紙で印刷した六道銭を用意しているところもあります。

六道銭というからには、六枚の銭が入っている場合が多いのですが、必ず六枚ということではなかったようで、最少一枚の銭から、多いものは一〇〇枚以上の銭が副葬されていた例もあります。けれども、中世から近世を通じてもっとも多い銭の枚数は六枚でした。図1に示したのは、これまで発見された六道銭の枚数をグラフにしたものですが、全体の約四〇パーセント以上が六枚の六道銭でした。このことから、六道銭は六枚の銭を納めることを基本としていたと考えられます。実際の六道銭は図4に示したように、各種の銭貨が存在しているものから、ただ一種類の銭貨のみからなるものまで、さまざまな組み合わせを持っています。図4の3は、渡来銭のみの六道銭で、1は古寛永通宝のみのものです。両者を比較すればすぐにわかることですが、渡来銭の多くは文字がすり減って読みにくくなっています。また図ではわかりませんが、薄くすり減って軽くなっているものも多いの

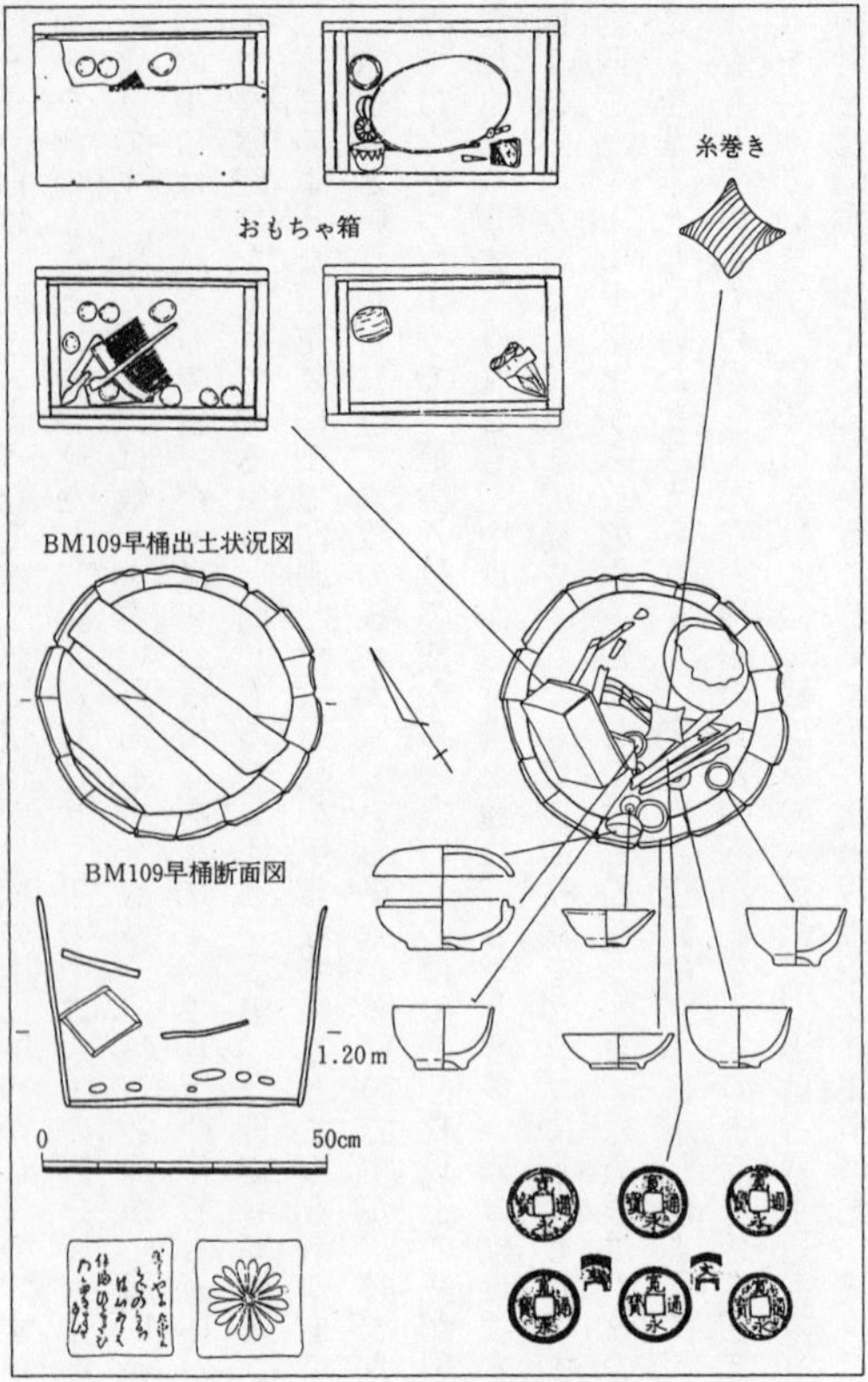

図2　増上寺子院群源興院遺跡 BM109早桶

幼年の女子の墓で，六道銭のほかにミニチュアの焼きもの、櫛、おもちゃなどを入れた小箱、糸巻き（ヒシ形をしたもの）など、こまごましたものが副葬されていた。

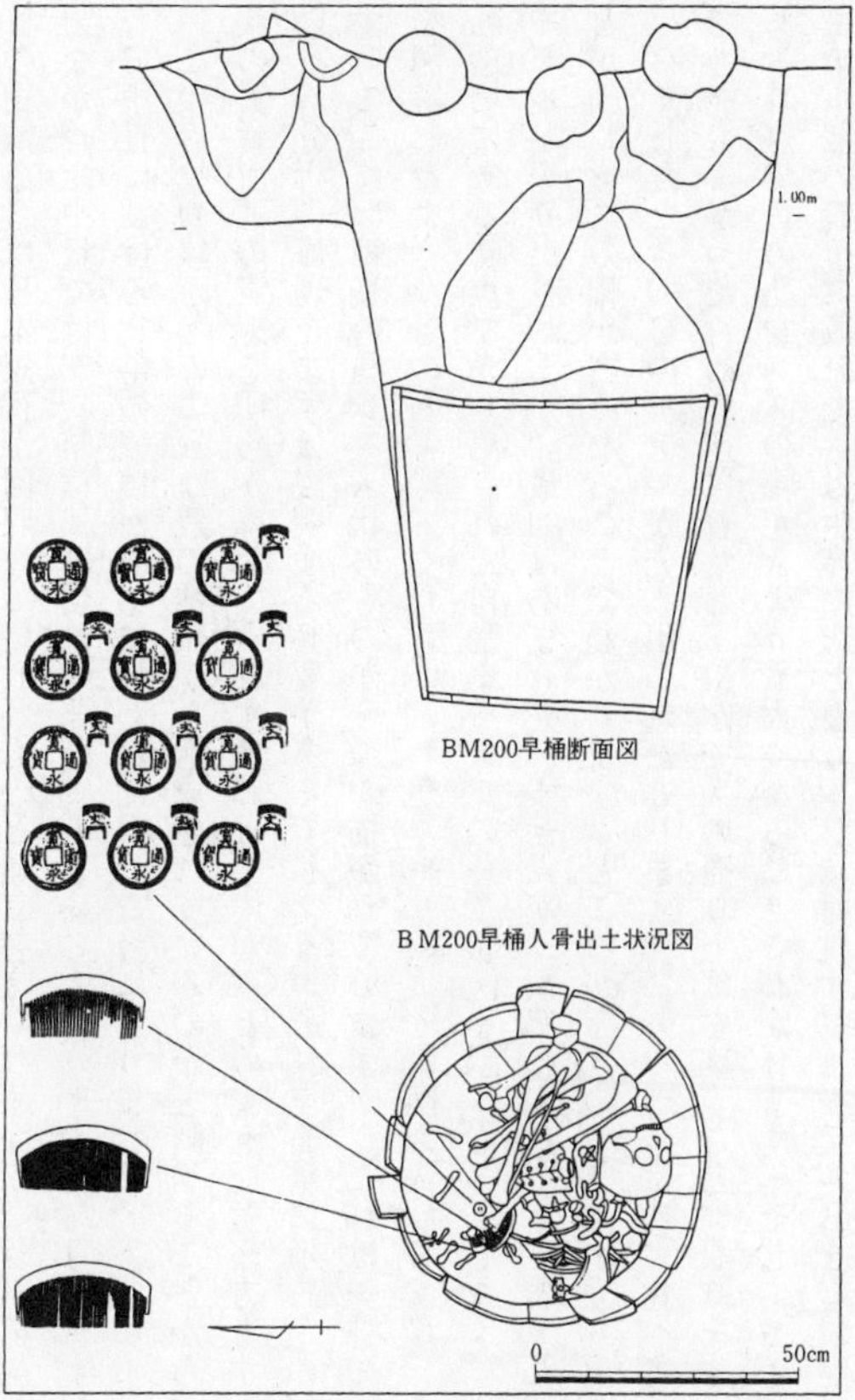

図３　増上寺子院群源興院遺跡 BM200早桶
若い女性が葬られており、六道銭12枚と櫛３枚が納められていた。

です。これは、中世以来長い間使われてきた結果、貨幣が疲労してしまったためです。今日の貨幣ならば日本銀行が回収して新しいものと取り替えられますが、貨幣の発行が行なえなかった中世では、貨幣は擦り切れるまで使われることになったのです。これは結果として中世における貨幣の価値が次第に失われていくことになりました。

この六枚の銭がどのような銭の種類から構成されているのかを調べることから、江戸時代の銭貨流通の実態を明らかにしようとするわけですが、どのような考え方をするのかという、分析の原理をまずは説明する必要があるでしょう。それを簡単に示したのが図5です。ここには細長い凸レンズ状のものが幾つか描かれていますが、これは一種の流行現象を図解したようなものと考えてください。わかりやすいように図のA、B、C、をそれぞれ市場にある時点で売り出された自動車モデルの普及状況を示すものとします。まずAのモデルが売り出されます。最初はあまり売れませんが、次第に売れてきて普及していくことが凸レンズの幅が広くなることでわかります。ところが、Aのモデルが売り出されてしばらくしたとき、Cのモデルが売り出されたとします。このモデルはAに比べてお買い得で性能もよかったため急速に普及し、やがてAの売り上げを凌ぐことになります。これがある時点でCの凸レンズの幅がAよりも太くなることでわかります。そしてやがてはCのモデルとの競争に敗れたAは生産中止となり、Cに対抗すべくモデルBを登場させますが、これもCの売れ行きに対抗できませんでした。図5はこのような自動車という品物が社会に出現し、普及し、やがて消滅していく過程を簡単なグラフのパターンの形を借りて説明しているのですが、このような現象は決して自動車だけに見られるものではなく、われわれが日常使用している多くの品物に共通しています。流行というものも、このような現象の極端な場合を示しているにすぎません。

このグラフの縦軸は時間の経過を示しています。ですから図5で2と示してあるところでこの三つの凸レンズを切ってみると、その切り口の幅は、ある時点における三つの自動車の普及量を示すことになります。それゆえ、どの時点でこのグラフを水平に切るかによってさまざまな時点における普及量の違いを表すことができます。つまり、それらはある時点におけるある品物の存在する量を、一種の出現頻度として表現することができるのです。また別の考え方をすれば、この凸レンズ型のパターンは、細かな一つひとつ異なった時点ごとの品物の出現頻度が積み重なったものであるということもできます。私が個々の墓に副葬された銭貨の種類の組み合わせから、それらの流通状況を復元しようとするのは、このような考え方を応用しようとするのです。つまり、一つひとつの墓に含まれている何種類かの銭貨の組み合わせを、出現頻度のパターンとして取り出し、それらのパターンの違いから江戸時代に使われていた各種銭貨の流通状況を復元するのです。

それでは、このような考え方から、どのような銭貨流通のパターンが描けるかということになりますが、図6は全国から出土した六道銭七一六例（全て六枚の六道銭のみ）を、先

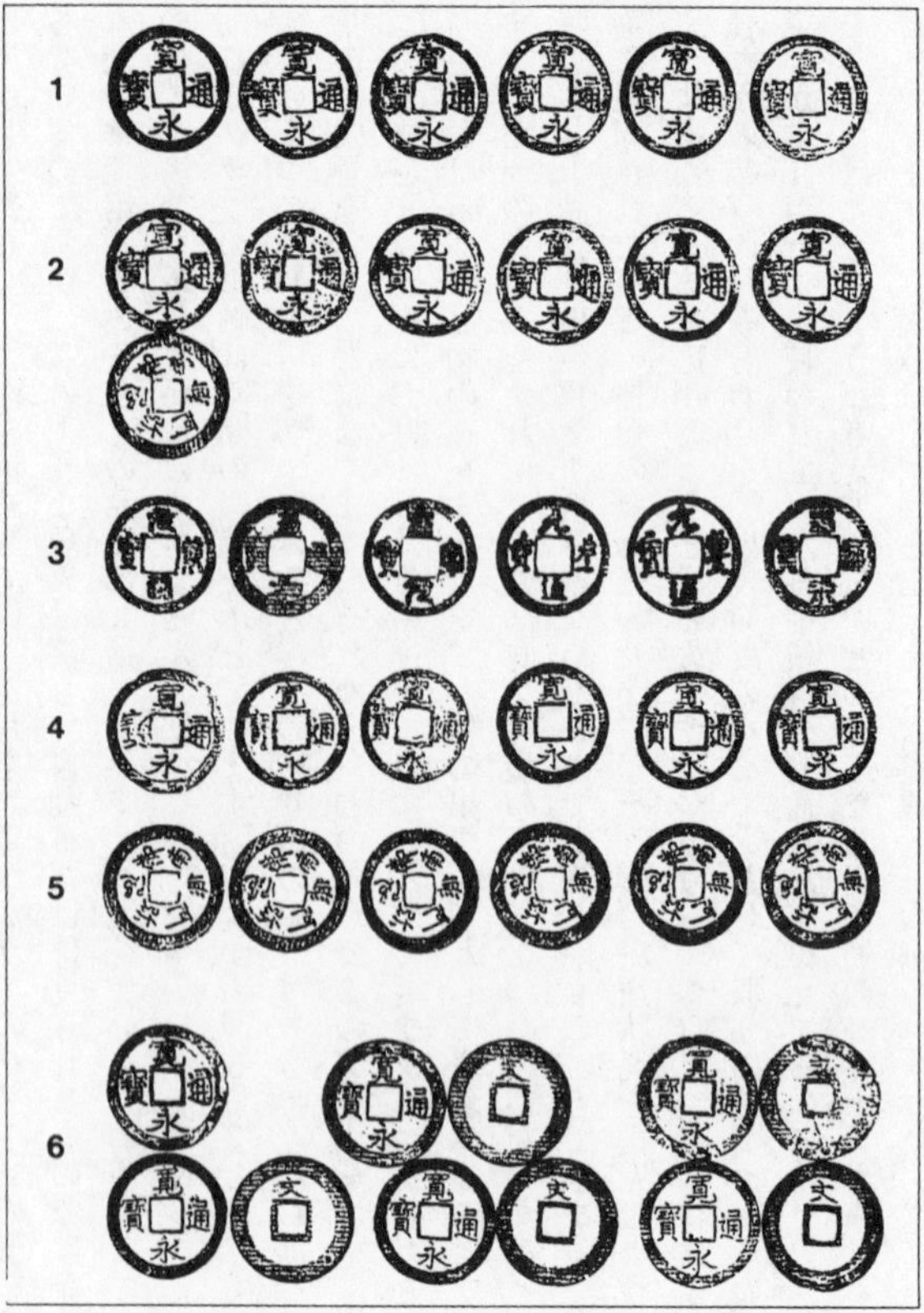

図4　江戸時代の六道銭（1～6）

1古寛永通宝のみ、2古寛永通宝＋念仏銭、3渡来銭のみ、4古寛永通宝＋新寛永通宝、5念仏銭のみ、6古寛永通宝＋文銭（いずれも増上寺子院群遺跡出土）

ほど説明しましたような出現頻度のパターン（これをセリエーションのパターンと今後呼ぶことにします）に表したものです。これをみると、いちばん左にある渡来銭から、次の古寛永通宝に移行するところのグラフのパターンが、ちょん切れたような形になっているのがわかるでしょう。つまり、この二種類の銭が急激に入れ替わったことを示しているのです。それに対して、古寛永通宝から文銭への移行をみると、両者のパターンが重なりあっている部分が多いことに気づくでしょう。これは、古寛永通宝と文銭とが、混ざりあって

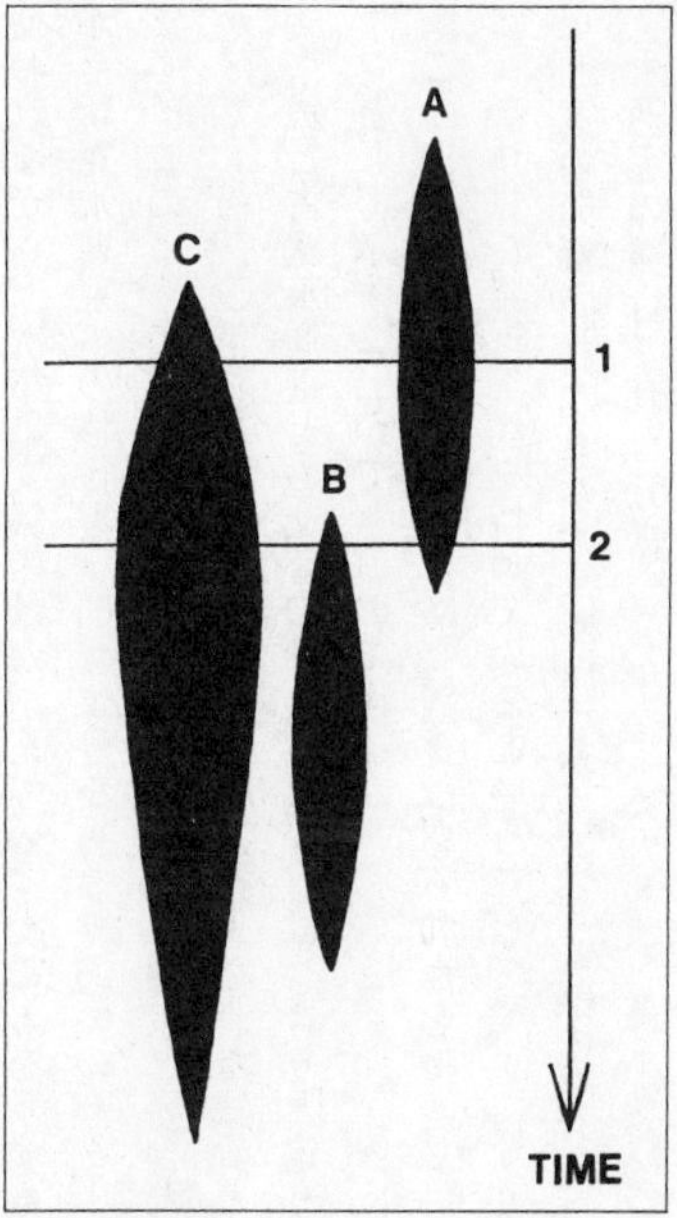

図5　セリエーションのモデル
我々が使っている品物は、時間の経過と量という二つの側面で示すと、このモデルのような出現→盛行→消滅というパターンとしてとらえることができ、この考え方を六道銭の分析に応用するのである。

使われながら、次第に文銭の量が増えていったことを示すものです。さらにその次の文銭から新寛永通宝への移行も、同じような重なりあいのパターンを示していることがわかります。このように、古寛永通宝、文銭、新寛永通宝といった、一七世紀の前半から後半にかけて、約三〇年おきに発行され、市場に投入された銭貨と、それ以前から使われていた渡来銭と古寛永通宝との交替のありさまが、はっきりと違うことをセリエーション・パターンとして示すことができるのです。

このような分析をするときに、銭貨はある利点を持っています。どういう点かというと、はっきりした発行年代を持っているということです。ですから、図6のグラフには、古寛永通宝の発行された寛永一三年（一六三六）、文銭の発行された寛文八年（一六六八）、新寛永通宝の発行された元禄一〇年（一六九七）、寛永鉄銭の発行された元文四年（一七三九）を区切りとする、時間区分を設けることができます。つまり、中世以来の渡来銭しか使われていなかった一六三六年以前をⅠ期、古寛永通宝が発行され、渡来銭と急速に入れ替わっていったⅡ期、文銭が発行され、古寛永通宝とともに流通していたⅢ期、新寛永通宝が発行され、それ以前に発行された古寛永通宝、文銭が少量残存するⅣ期、それまでの三種の寛永銅銭に代わって、鉄で鋳造された寛永鉄銭が出現してくるⅤ期の五つの時期が設定できることがわかるでしょう。

この図6のグラフのパターンで、いま一つ注目していただきたいのは、新しい銭貨が発行されたあと、それ以前から流通していた銭貨の残存状態を示すパターンです。例えば、Ⅲ期、Ⅳ期などをみると、新しく発行された銭貨に対して、それ以前から流通していた銭貨が一緒に使われている状態がわかります。とくに、Ⅳ期では、新寛永通宝が次第に流通

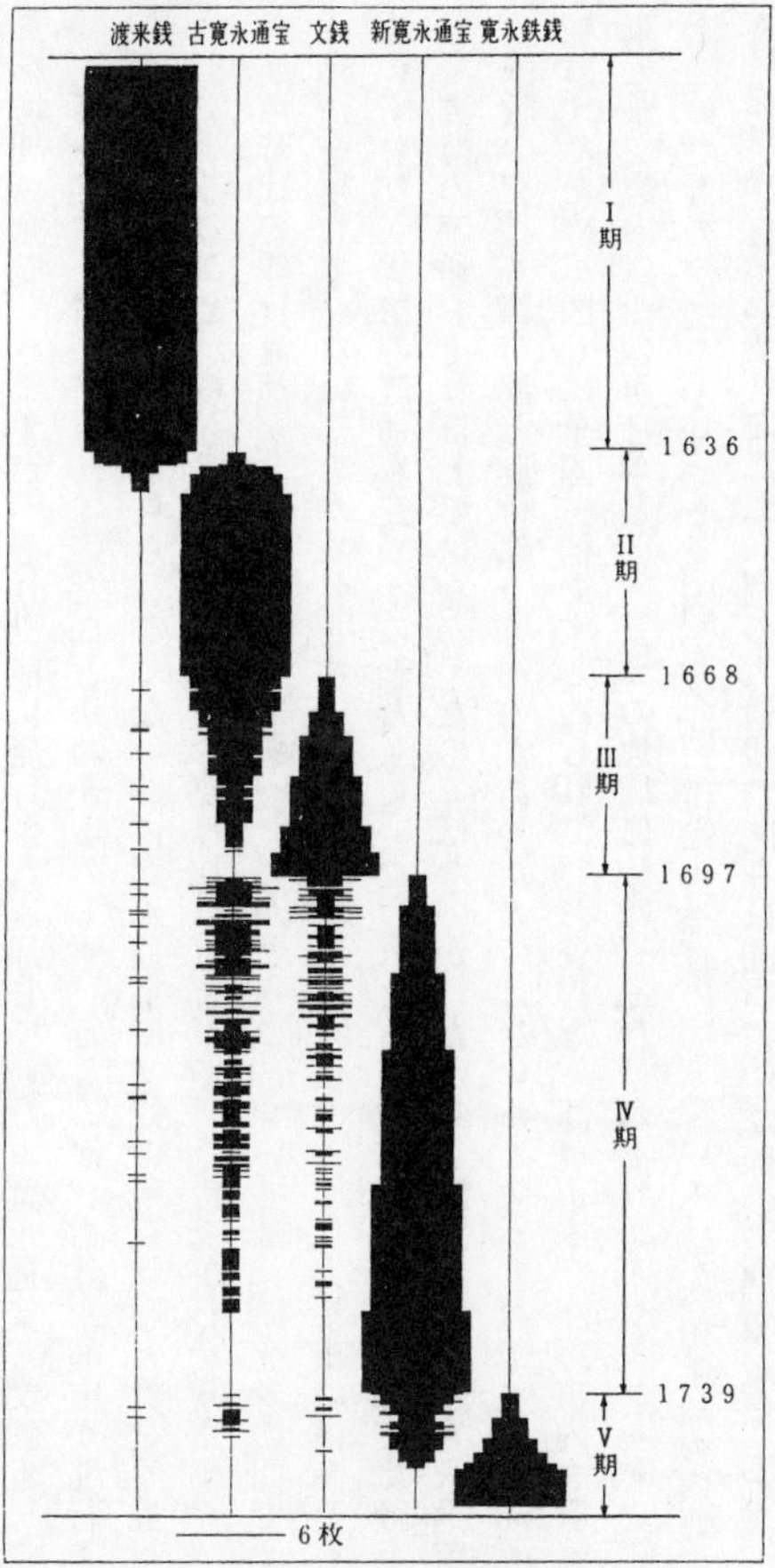

図6　六道銭のセリエーション（全国716例）

量を増加させていきますが、それ以前に発行され流通していた古寛永通宝、文銭も一定量残っていて、一緒に使われていたことがわかるのです。ところが、古寛永通宝が発行されたあと、渡来銭はほとんど見られなくなり、古寛永通宝や文銭の残存状態とは全く違っています。このことからも、渡来銭が急速に使われなくなっていく状況がわかります。

江戸時代の銭貨流通が全国的に均一であったのかどうかについては、研究者の間でまだ意見が一致していない部分があります。つまり、江戸や大坂のような大都市では商業も発達しており、貨幣の流通も速やかに普及していたけれども、地方とくに農村部では商品流通も貨幣の流通もそれほどではなかったのではないか。だから、渡来銭から古寛永通宝への銭貨の交替も都市部と農村部では違いがあったのではないかというわけです。その点を検討するため、図6に全国一括でまとめられていた資料を、江戸市内、江戸市内を除く関東近県、畿内以西の西日本という三つの地域に分け、それぞれセリエーション・パターンを描いたものが図7〜9です。図7は江戸市中（今日の区分でいえば大体山手線の内側に入る区部）から発見された二二八例の六道銭、図8は江戸市中を除いた関東近県（都下、埼玉・千葉・神奈川・群馬・栃木・茨城の各県）で出土した二三四例の六道銭、図9は近畿地方から九州に至る西日本全域から発見された一九四例の六道銭を、それぞれ図6と同じ方法でグラフ化したものです。

この三つのグラフを見ていただくとすぐにわかることですが、これらのグラフのパター

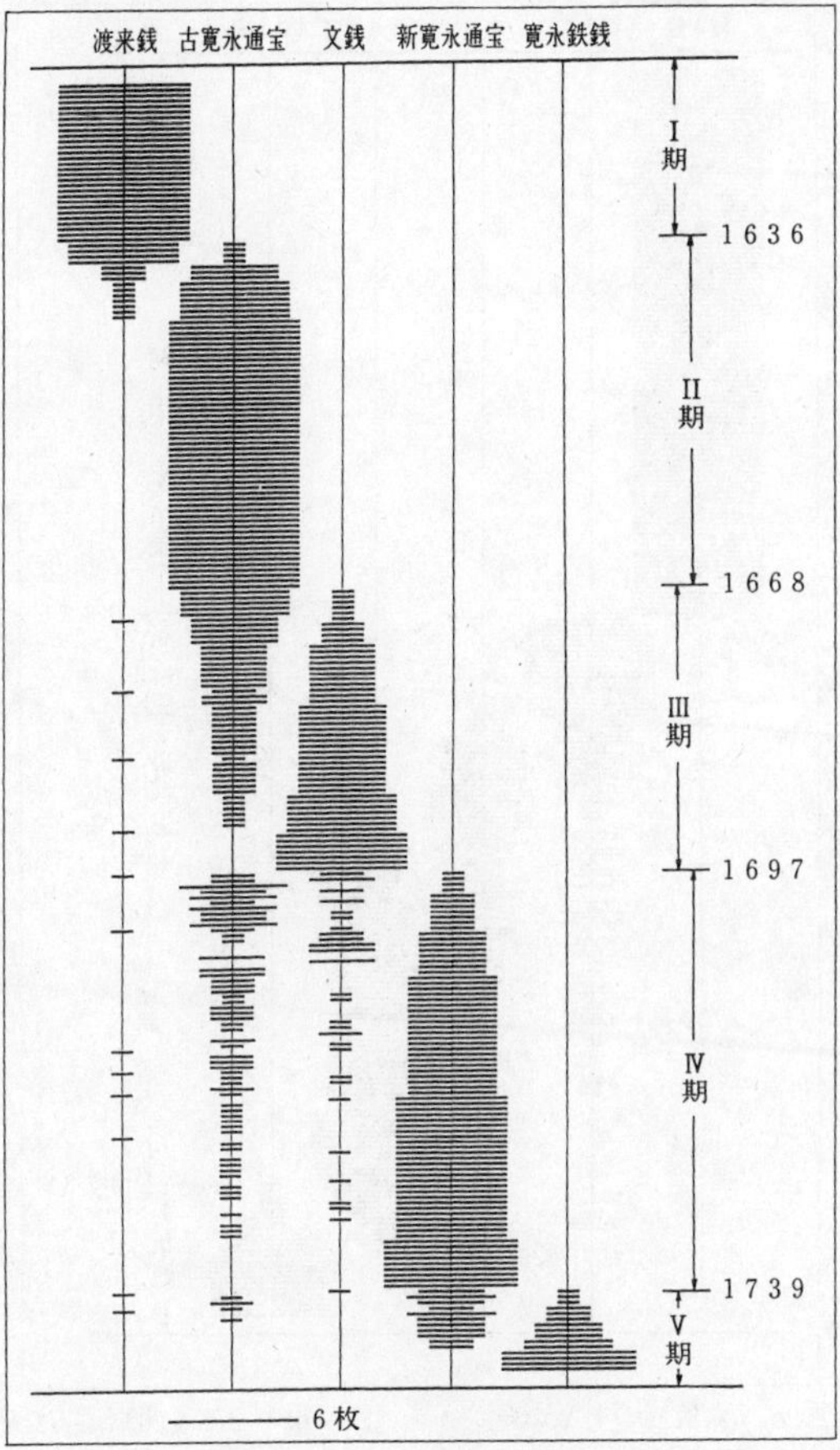

図7　六道銭のセリエーション（江戸市中228例）

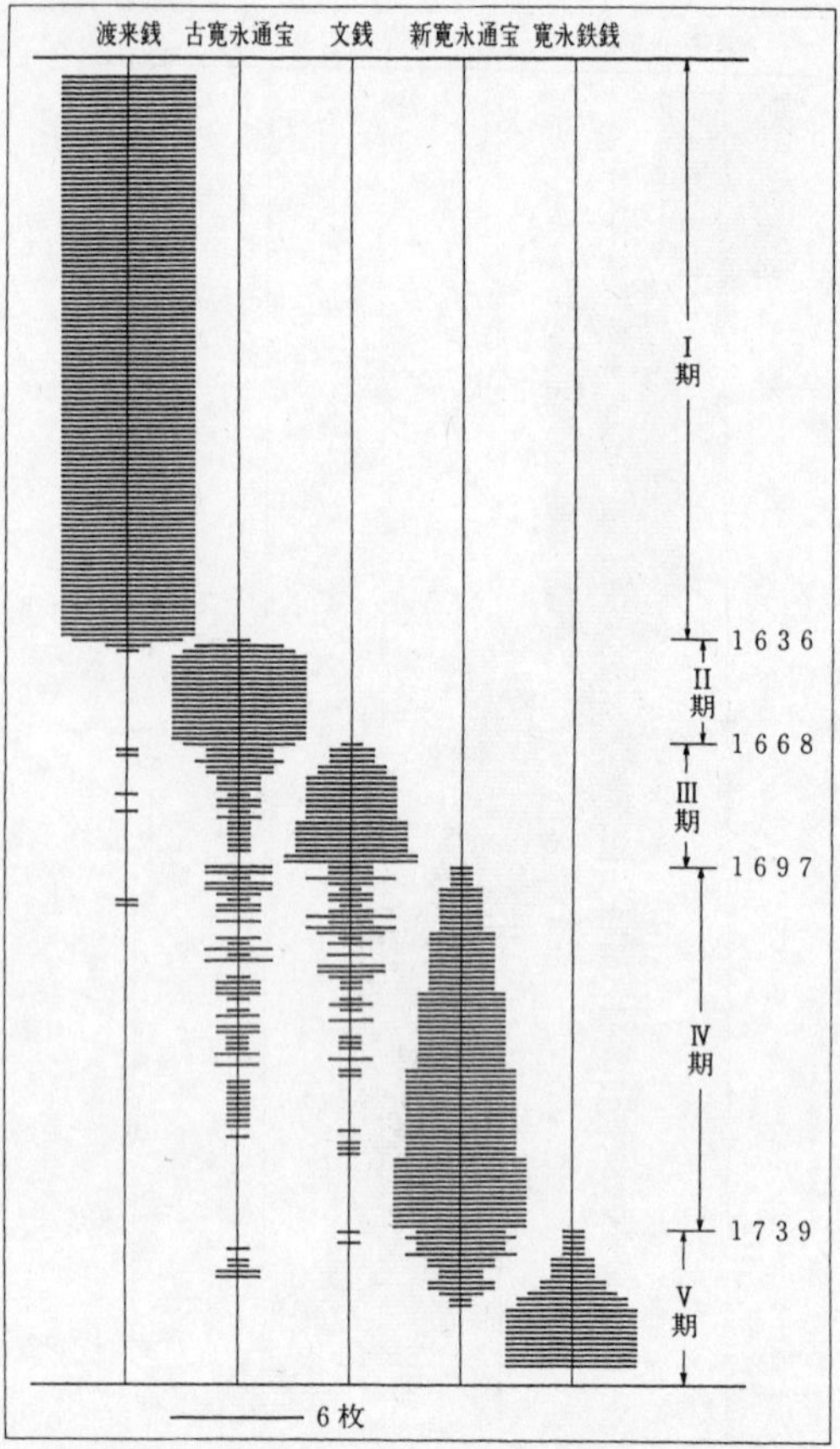

図８　六道銭のセリエーション（江戸市中を除く関東地方全域234例）

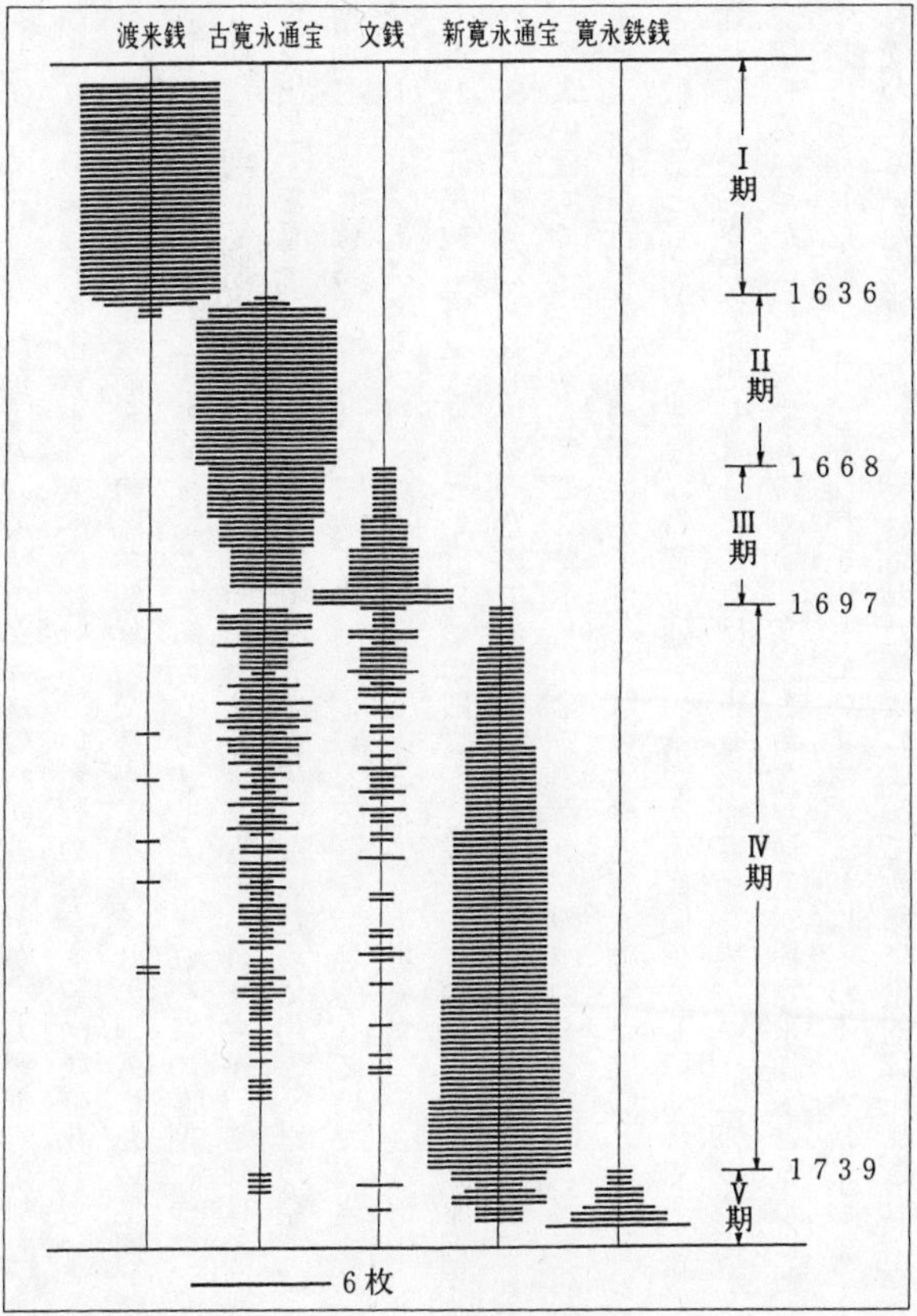

図9　六道銭のセリエーション（近畿～九州に至る西日本全域194例）

ンと先の図6に示した全国の六道銭のグラフのパターンとが、大変よく類似しています。つまり、渡来銭から古寛永通宝への移行が、いずれの場合も急激に変化しています。これは、渡来銭から古寛永通宝への流通銭貨の交替が、それぞれの地域において同じように急速に進行していったことを示すものにほかなりません。それぞれの時期についてみると、Ⅱ期、Ⅲ期、Ⅴ期などの長さが短かったりする場合も見られますが、これはその時期の銭貨を出土する墓そのものが十分な数で調査されていないために起こった現象で、調査例が増加してくれば解決する問題に過ぎません。むしろここで注意していただきたいのは、セリエーション・パターンがきわめて類似しているという事実です。

もし、渡来銭と古寛永通宝という二つの銭貨が、従来の説のように三〇年近くの歳月をかけてゆっくりと交替していったのであるならば、両者のパターンは時期的にもっと重複してよいはずです。しかし、ここに示した全てのグラフのパターンでは、渡来銭から古寛永通宝への移行が急激かつ断絶的です。これは次の古寛永通宝と文銭との交替のパターンと比較すると良くわかります。古寛永通宝の量が次第に減少するにつれて、文銭の量が増加していくのがわかるでしょう。これは、古寛永通宝と文銭という二つの銭貨が、徐々に交替していったことを示すものです。文銭と新寛永通宝、新寛永通宝と寛永鉄銭なども基本的にそうしたゆっくりした交替を示しています。これは、日本の各地において、従来から使われていた銭貨が新しく発行された銭貨によって次第に量的に圧倒され、交替していったありさまを示すものにほかなりません。

社会の中で人々に使われている器物の交替、つまり古い品物が新しい品物に取って代わられる経過は、貨幣に限らず普通はこのような交替のパターンを示すものといえます。ところが、先ほどから問題にしているように、渡来銭から古寛永通宝への銭貨の交替のパターンはこれとは明らかに異なっています。二つのパターンの重なり具合が狭く、その上急激に増減していることがわかります。これは交替が急激に起こったときに見られるパターンといえます。このことは、古寛永通宝から文銭、文銭から新寛永通宝への交替とは違った事情が、渡来銭から古寛永通宝への交替の背後にあったことを示すと考えられます。つまり、渡来銭から古寛永通宝への交替は、他の銭貨の交替に比べてはるかに急速かつ短い間に進行したことを示しているのです。別のいい方をすれば、渡来銭と古寛永通宝とは一緒に使われる期間が短かったということです。どうみてもこの期間は、従来いわれていた三〇年などという長さではなかったことは確実です。

さらに、これら四つのグラフにおける渡来銭から古寛永通宝への移行のセリエーション・パターンが、いずれも類似していることは、渡来銭から古寛永通宝への銭貨の交替が、全国的規模で同じような状況で一斉に進行していったことを示すものです。江戸時代の経済活動を考えるとき、都市部と農村部では落差があったり、貨幣の流通の度合いも異なっていた可能性があると考えられていましたが、渡来銭から古寛永通宝への流通通貨の交替には、そのような事情はあまり考えなくて良いと考えられます。ある意味では、急激な交替を必要とするような事情が、当時の銭貨流通の中に存在していたのかもしれません。先ほどお見せした渡来銭のみからなる六道銭が、古寛永通宝と比べて著しく「くたびれた銭」だったことを思い出してください。今回はこれら三つの地域のパターンしか示していませんが、六道銭そのものは北は青森県から南は鹿児島県に至る地域で二三〇〇例以上が発見されています。それらのすべてを、ここに示したようなパターンに組んでお見せすることはできませんが、今後各地の事例が増えてくるにつれて、今回示したパターンと同じ結果を多くの地域で示すことができるようになるでしょう。

三　東海道宿場史料に見る銭貨の流通

六道銭を今までに説明したような方法で分析してみると、渡来銭から古寛永通宝への流通銭貨の交替は、どうも今まで考えていた以上に急激に進んだということがわかってきました。これは先ほどお話ししたとおり、日本における最初の大規模かつ本格的な流通通貨の交替でした。これ以降有名な荻原重秀による元禄小判の改鋳など、江戸時代には多くの通貨の切り替えが行なわれるようになりますが、この寛永一三年（一六三六）の古寛永通宝の発行こそ、そうした一連の江戸時代貨幣切り替えの先駆けをなすものだったのです。

一口に流通通貨の交替といっても、実際にそのことは社会の各方面に大きな影響を与えるものです。最近われわれも一〇〇〇円以上の紙幣の交替を経験しましたが、そのときには銀行を始めとする金融機関、各種の自動販売機メーカー、果ては財布をつくるカバン屋さんに至るまでさまざまな影響を与え、その結果生まれた経済効果は大きなものがありました。幸いに、第二次世界大戦終了後の、いわゆる新円切り替えのときのような通貨不安を抱く必要はありませんでしたが、維新の直後に明治政府が行なおうとした円貨への切り替えはそんな生易しいものではありませんでしたし、江戸時代の荻原重秀の小判改鋳などはインフレを引き起こし、悪鋳といわれ、悪政の代名詞とされたものです。ですから、渡来銭から古寛永通宝への流通銭貨の交替も、当時の社会にさまざまな影響を与えずにはおかなかっただろうし、その経過が当時の記録に何らかの形で残されているのではないかと私は考えたのです。

そんなことを考えながら、私の大学の近世史の専門家である中井信彦先生に相談を持ちかけたところ、たちどころに一つの重要なヒントを教えてくださいました。それは宿場史料として断片的にしか残っていないものだけれども、古寛永通宝の発行された寛永一三年に、幕府が東海道の宿々に銭貨を配付していること、また当時銭の価格が下落したため宿場の経済が困窮し、幕府がかなりの規模で財政的な援助を行なっていることを示す記録があるということでした。そこでさっそくあちこちに散在している東海道、中仙道などの宿場関係の史料をひろい集めてみたところ、興味ある事実がわかってきました。それはどういうことかというと、古寛永通宝が発行されるまでは、金貨と銭貨の交換比率が銭高なのに対して、古寛永通宝発行以降は銭安になり、発行七年後の寛永二〇年（一六四三）には、一両が六貫文になるという銭価格の大暴落が起こっていたのです。そして、その暴落は東海道を中心とした宿場の経済を直撃し、宿場の機能の維持を計るために幕府は大量の金貨を宿場に長期・無利子で貸し付けて救済しようとしていたことがわかりました。

どうしてこのことが重要なのかを説明するには、江戸時代の貨幣制度の基本的な性格を知っていただく必要があります。江戸時代の貨幣制度は、表1に示したように金貨一両＝銀五〇匁、金貨一両＝銭四〇〇〇文（四〇〇〇文＝四貫文）という交換比率が幕府によって公に定められていました。しかし、この金・銀・銅三貨の交換比率は実際には守られず、現実には両替などのときに立つ相場によって、変動する仕組みになっていました。ですから、一両の金貨（小判）を銭に換えようとしたとき、いつでも四〇〇〇文（四貫文）の銅銭に換えられるとは限らず、その時々の金貨と銭貨の相場によって、変わってしまうのです。例えば金貨に対して銭貨の流通が不足していると、相場は金貨に対して銭貨が高くなる銭高になります。すると、一両の金貨を銭に交換しようとしても、四貫文（四〇〇〇文）にはならず、三貫文（三〇〇〇文）くらいにしか換えてもらえないことが起こるわけです。反対に、金貨の流通量よりも銭貨の流通量が豊富になれば銭安となり、四貫文（四〇〇〇文）の銭を持っていても、一両の金貨に換えてもらえないことが起こります。ですから、金・銀・銅三貨の間の相場をうまく利用すると、今日の円・ドル相場と同じような一種の為替差益を作り出すことができたのです。幕府もこのことは良く知っていて、一七世紀にはしばしば禁令を出して、このような相場取引を行なうのを禁止しています。

この金銭相場の変動が宿場の経済に打撃を与える理由は、宿場では高額貨幣としての金・銀貨と、日常の売り買いに使用される銭貨とが、絶えず交換されていたからです。宿

表1　金・銀・銅三貨の公定交換比率（江戸時代）

金1両＝4分＝16朱（1分＝4朱）
金1両＝銀50匁（のちに60匁）
金1両＝銭4貫文（4000文）
金1分＝銭1貫文（1000文）
金1朱＝銭250文

両・分・朱は金貨の単位（品位と重量が一定、1分金・2分金・1朱金、定位貨幣）。

銀貨は重量で計算し、匁と貫で表した（品位は一定だが、重量は不定。丁《ちょう》銀・豆板銀、秤量貨幣）。

銭にはこのほかにも中世以来の「匹」（ひき、疋とも書く）という単位（1匹＝10文）も慣用として使われたが、公式の単位ではない。また、100枚内外の銭を紐で通した「さし銭」も取引には使われた。多くの場合96枚（文）のさし銭が多かったところから、これをとくに「九六銭」（くろくせん）と呼んだ。

場の利用者はいうまでもなく旅人ですが、旅人は旅費を持ちやすい金・銀貨で携帯し、必要に応じてそれらを細かな銭貨に交換します。最初から旅費を銭貨で持っていくことは大変な重さになってしまい、持ち運びに不便であるばかりでなく、盗難の恐れもありました。ですから宿場には、旅人のために両替を行なう機能がどうしても必要でした。そして、そ

表2　東海道・中仙道宿場の金・銭相場の推移
（寛永12〜20年）

年　　次	相　　場	宿　場
寛永 12 年（1635）	1 両＝2 貫 700 文	大　垣
14 年（1637）	1 両＝3 貫 240 文	大　垣
16 年（1639）	1 両＝3 貫 640 文	大　垣
19 年（1642）	1 両＝6 貫文	藤　川
19 年（1642）	1 両＝6 貫文	岡　崎
19 年（1642）	1 両＝6 貫文	池鯉鮒
20 年（1643）	1 両＝6 貫文	藤　川
20 年（1643）	1 両＝6 貫文	池鯉鮒
20 年（1643）	1 両＝5 貫 500 文	岡　崎

幕府は宿場の経済を安定させるため、種々の政策を実施していたが、その一環として、宿場における物価、金銭相場などを書き上げて報告させていた。それらの多くは失われてしまったが、ここに示した断片的な記録から、古寛永通宝発行以前においては金安銭高の相場であり、古寛永通宝が発行された寛永13年以降、銭価格が急激に下降しはじめることがわかる。

の交換の相場が安定することは、宿場やその利用者である旅人だけでなく、宿場の機能を維持しようとする幕府にとっても重要な問題だったのです。

このように見てくると、古寛永通宝発行直後の一両六貫文という銭安相場は、宿場の経済にとって目茶苦茶な出来事でしたが、そこで幕府は実に巧妙な宿場救済策を考えだしました。どうしたかというと、宿場に金貨を大量に無利子で貸し付け、その金貨で安い銭を買わせたのです。そして、金貨の返済には、その安く買った銭で返させたのですが、その金額を、一両四貫文の公定レートで計算させたのです。例えば、東海道三島宿では七五〇両の金貨を借りたのですが、その返済には安く買った銭で返してよいということになると、そのときの七五〇両分の銭は、一両四貫文で計算すると七五〇×四貫文＝三〇〇〇貫文ということになります。しかし、当時の金銭相場は一両六貫文でしたから、実際に宿場が手にした銭は七五〇×六＝四五〇〇貫文あったはずです。したがって、四五〇〇－三〇〇〇＝一五〇〇貫文もの差益が宿場に残ることになります。普通の借金の返済には利子が付くのですが、このときの幕府の方針は損得を度外視した無利子という鷹揚なものでした。このような宿場への手厚い救済金は東海道・中仙道の宿で多数認められ、幕府がいかに宿場機能の維持を重要視していたかがわかります。

このことが渡来銭から古寛永通宝への銭貨の交替とどのように関係するのかと思われるかもしれませんが、各宿場から一斉に銭貨で借金が返されていくという点に私は注目するのです。東海道五三宿から一宿あたり三〇〇〇貫文の銭が返済されたりすると、全部で一五万貫、銭の枚数にして一億五〇〇〇万枚もの銭が幕府に返されることになります。そして、この一億五〇〇〇万枚の銭の多くが、中世以来使われてきた渡来銭であったとすれば、幕府は労せずして新旧銭貨の交替を行なうことができることになったはずです。古寛永通宝が発行された当時、人々が重大な関心を持っていたことの一つは、幕府がいつ渡来銭を流通禁止にするのかという点にありました。例えば、鹿児島藩の江戸家老などは、その時期を探ろうと必死になって幕府の高官と接触していました。そうしないと、古い銭がある日突然使えなくなって大損害を被る恐れがあったからです。ですから、東海道の宿々から返済された銭は新鋳の古寛永通宝ではなく、中世以来使われてくたびれた、いつ使用停止になるかわからない渡来銭が優先して選ばれたに違いありません。そうなれば、渡来銭から古寛永通宝への流通銭貨の交替は、円滑に行なわれることになったでしょう。

このような話を、以前ある経済人の集まりに呼ばれてしたことがあるのですが、そのときある財界の方が、当時の徳川幕府の役人が思いついたにしては大変経済の動きを良く知っている、ひとつわれわれの大蔵大臣にもこの話を聞かせてやってはどうか、という冗談をいわれたことがありますが、進行する円高不況を思えば、あながち冗談ともいえぬ響きがあったのを覚えています。確かに、この幕府の政策は巧妙です。こんな考えを戦国時代の余韻が未だ覚めやらぬ、一七世紀前半の武士が思いつくとはちょっと考えにくいところがあります。恐らく、徳川幕府の下で経済や貿易関係の仕事に深くかかわっていた有力商人層の中の知恵者が思いついたのが真相だろうと思いますが、それを証明する証拠はどこにも残されてはいません。しかし、この政策の本来のねらいは、流通通貨の交替を計るためだけではなく、新旧の銭貨が市場に投入されて変動している金銭相場を安定させ、宿場の経済と機能を維持することに主眼があったといえるでしょう。

徳川幕府によって始められた宿駅の制度は、街道の整備、宿駅・伝馬・助郷制の制定といったいくつかの内容を含みながら、一七世紀の前半に成立します。これは一般に交通制度の整備として受けとられていますが、実はもっと重要な点がありました。それは、寛永一二年（一六三五）に武家諸法度の中に定められた「参勤交代」を支える制度という意味を持っていたからです。参勤交代は江戸時代を通じて行なわれた重要な大名統制政策でしたが、この制度を維持するためには、諸大名が行き来する街道を整備し、宿場その他の便宜を計ることが必要です。一七世紀の徳川幕府の政策の中で重要だったのは、諸大名の勢力をいかに弱めるかという点でした。三代将軍家光や五代将軍綱吉のときに大勢の大名が取りつぶされたのもそうした政策を反映しています。参勤交代も諸大名の経済力を削ぐことが目的でしたから、宿駅制度は単なる交通制度ではなく、幕府の重要な政治目的を支える制度だったのです。だからこそ、宿場の経済や機能が脅かされそうになったとき、損得を度外視する形で幕府は宿場に援助を与えようとしたに違いありません。

それでは、幕府を慌てさせるような宿場経済の危機を生んだ原因ともいえる、古寛永通宝の大暴落は何が原因で発生したのでしょう。ここで話をもう一度銭の問題にもどしましょう。寛永一三年に古寛永通宝を発行したとき、幕府はそれまで通用してきた渡来銭を一挙に使用停止とはせず、古寛永通宝と一緒に通用させました。つまり、新たに発行した古寛永通宝と従来から使用してきた「びた銭」と呼ばれるくたびれた渡来銭とを区別せず、新共に一文として通用させたのです。これは新旧の銭貨の間に価格差ができるのを防ぎ、新旧通貨の交替に伴う混乱を避けようとしたものと見られます。それ自体は良く考えられた政策だったのですが、いつまで新旧通貨を併用するのかを明確に示さずに新銭の発行を続けたため、予想できなかった混乱、つまり銭価格の大暴落が発生したのです。

寛永一三年から幕府が公式に鋳造の中止を命じた寛永二〇年までの七年間に、古寛永通宝は約二七五万貫(二七億五〇〇〇万枚)も発行されたといわれています。この発行量が当時すでに流通していた渡来銭の量の何倍になるのかわかりませんが、仮に当時の渡来銭の量と同じだったとすれば、古寛永通宝の発行によって当時の銭貨の量は、わずか七年間で二倍になったことになります。これは金貨に対する銭貨の極端な過剰供給といえるでしょう。正確に二倍になったかどうかは別にしても、これに似たような状態が起こったとすれば、銭は金貨に対して価格を下げる、いわゆる銭安状態が生まれるのは明らかです。表2に示した大垣宿の金・銭価格が、古寛永通宝の発行された寛永一三年から急激に下落しはじめているのは、このような事情によって引き起こされたものといえるのです。この銭価格の大暴落を止めるには、まず何よりも流通している銭貨の量を減らすことです。

幕府がこのような経済政策について、古寛永通宝の発行以前に、きちんとした考え方をあらかじめ持っていたかどうかはわかりません。しかし、同時に起こった宿場経済の混乱を解決しようとして、先ほど申し上げたように宿場に金貨を貸し付け、それを銭で返納させるという窮余の策が、結果としてはこの銭価格の暴落をくい止めることになったと考えられます。この救済策が実際に有効だったと考えられるのは、寛永二〇年から約二〇年後の明暦年間には、金高銭安から逆に金安銭高になっていることからわかります。ところが、あまりに銭が高くなってしまうのも宿場経済にとっては好ましいものではありませんから、幕府は再びここで宿場の経済を安定させるための救済措置を実施しようとします。どういうことをやったのかといいますと、先ほどの寛永二〇年のときとは正反対のことをしました。つまり、宿場に大量の銭貨を貸し付けて、それで安くなった金貨を買わせたのです。そして、その返済には一両四貫文の公定レートで計算した金貨で決済させたのです。これにより、宿場には前とは逆な形の為替差益、つまり高い銭で安い金貨を買って生じた売買差益がころがりこむことになったわけです。この間の経過について、東海道の知立宿《ちりゅう》（当時は池鯉鮒といっていました）の記録には、「幕府が公定レートで計算した金貨で返してよいと言うので、得をした」とはっきり書かれています。

この明暦年間に東海道、中仙道の宿々に貸し出された銭貨は相当な量に達するもので、例えば、知立宿、藤川宿、岡崎宿などでは約六〇〇〇貫文（銅銭六〇〇万枚）に及んでいました。そのほか、はっきりと記録に残っているだけでも、二川宿では三六〇〇貫文、中仙道関ヶ原宿、垂井《たるい》宿などでは約一〇〇〇貫文といった大量の銭貨が貸し出されていましたから、東海道、中仙道の宿々全体を合計すれば、ものすごい量の銭貨が出回ったことになります。そうすると、それらの返済がすべて金貨で行なわれたわけですから、先ほどの寛永二〇年に貸し出した金貨は、ほとんど回収されてしまったと考えてよいでしょう。結局幕府の財政はそれほど損害を受けなかったと見られます。これは金銭価格の変動相場を利用した、実に巧妙な宿場の救済策だといわねばなりません。しかも、そのとき貸し出した銭貨は幕府が発行した古寛永通宝だったでしょうから、期せずして古寛永通宝の流通も促進されることになったはずです。

東海道、中仙道などの宿場に残されている断片的な記録をつなぎ合わせていくと、古寛永通宝発行時点において、幕府がどのような経済政策を取っていたのかが浮かび上がってきます。このことと、先に六道銭の組み合わせの分析を通して明らかになる、渡来銭から古寛永通宝への急激な移行のパターンとを重ね合わせてみると、従来いわれていたようなゆっくりした銭貨の交替とは違った、かなり急速な流通銭貨の切り替えが起こっていたことがわかるのです。おそらく、幕府が中世以来の渡来銭の流通を公式に停止した寛文一〇

表3　17世紀における流通銭貨の交替関係年表

年代（西暦）	出来事
慶長 6年（1601）	徳川幕府は慶長金・銀貨を発行する。同時に慶長通宝（銅銭）も発行したが絶対量が少なく、一般には流通しなかった。
13年（1608）	金1両＝銭4貫文（4000文）の交換レートを定める。
寛永12年（1635）	幕府はこの年、国産の銅（竿銅）の海外輸出を禁止する。
12年（1635）	武家諸法度を定め、参勤交代が行なわれるようになる。
13年（1636）	古寛永通宝の発行開始。旧来の渡来銭と等価で通用させる。
20年（1643）	金貨に対して銭の価格が暴落する（1両＝6貫文の銭安）。
20年（1643）	幕府は古寛永通宝の鋳造を中止する。
19・20年	幕府は東海道・中仙道の宿場に金貨を貸し付け銭を買わせ、その買った銭を公定レート（1両＝4貫文）で返済させる。
20年	幕府は各宿場に金・銭相場が元に戻るまで、駄賃（荷馬の使用料）の値上げを認める通達を出す。
明暦元年（1655）	この頃にはすでに金安銭高の相場に回復している。
元年～2年	東海道・中仙道の宿場に大量の銭が貸し付けられる。これで安い金貨を買って返済するよう幕府が指示している。 この頃までに渡来銭から古寛永通宝への通貨交替が事実上終了する。
寛文 8年（1668）	幕府2番目の銅銭である文字寛永通宝（文銭）を発行する。
10年（1670）	中世以来使用してきた渡来銭の使用を禁止する。

徳川幕府は慶長11年（1606）に慶長通宝、元和3年（1617）に元和通宝という銅銭を発行したと言われているが、慶長通宝は現在まで全国でわずか3例しか出土していない。また、元和通宝は全く出土していない。したがって、これらの銭貨は当時の銭貨流通においては全く問題にならない。さらに、寛永13年（1636）の古寛永通宝発行以前の寛永3年に、常陸国水戸において鋳造されたと伝えられる「二水永」と呼ばれる古寛永通宝は、現在までの発掘調査においては全く知られていない。これらを総合して考えると、寛永13年の古寛永通宝発行以前には、徳川幕府は銅銭の発行についてはほとんど有効な政策を実施していなかったことがわかる。

年（一六七〇）よりも一〇年から一五年ほど早い、一六五〇年代の後半にはすでに渡来銭から古寛永通宝への流通通貨の交替がほぼ完了していたと考えられます。この間の出来事を整理して年表風にまとめてみると表3のようになります。

四　江戸時代の考古学の特色

今まで申し上げてきたことから考えますと、古寛永通宝を発行したときの徳川幕府のねらいは、結果として非常に速やかに実現されたといえるでしょう。これは、徳川幕府にとっては大変重要なことだったと思います。なぜかといいますと、貨幣というものは、前近代の社会においては、その政権の権威、あるいは力強さ、安定度といったものを象徴する品物だったからです。つまり、貨幣というものは単に経済のメディアとしての役割だけでなく、その天下がいかに安泰であり、かつまた強固であるかを示すための重要なシンボルとして、前近代の社会では重きを持っていたのです。

徳川の発行した銭が、流通過程で混乱を来したり、庶民にその使用を拒否されたりした場合には、おそらく、徳川幕府の政治的威信までも揺らいでくるような効果を持っていたわけです。ですから、幕府としては中世以来の渡来銭と、日本で初めて大量に発行される古寛永通宝との交替を、できるだけ円滑な形で運びたかったに違いありません。その具体的な交替のありさまは、先ほどご覧に入れました六道銭の交替のパターンとして考古学的に明瞭に示すことができました。そして、その間に幕府自身がどのような政策を実施しようとしていたかは、断片的に残された宿場史料をつなぎ合わせることによってハッキリとしてきました。そして、その両者の結果をつき合わせることから、日本最初の本格的な流通銭貨の交替という歴史のディテールを描きだすことができたのです。

そしてこの点に、近世考古学といわれる江戸時代の考古学が持っている、他の時代の考古学には見られない、きわだった特色があるのです。つまり、出土六道銭という考古学資料と、わずかに残された断片的な宿場史料という文字記録とを、結びつけて考えることから、今までに描くことのできなかった、新しい江戸時代の歴史像を示すことができるという点です。六道銭も、宿場史料も、それ一つだけを取り上げたのでは、その持つ歴史的な意味を十分に示すことはできません。両者を結びつけることによってはじめて、それぞれが持っていた歴史復元の情報がフルに生かされることになるのです。

江戸時代の考古学資料には、このような文献記録と結びつけて考えることから、新しい歴史像を描きだせるものが、まだまだあると思います。その点で江戸時代の考古学の将来性は大変大きいと私は考えています。そして、そこが中世や古代の歴史考古学と違うところですし、私が専門としている文字記録の全くない先史考古学にもない魅力があり、この辺に私が非常に興味を感じている理由があるといえます。いろいろと混み入った話をいたしましたが、取りあえず私の話はこの辺で終わらせていただきます。

手のひらの中の国家

日本における銭貨《せんか》の始まりを考えるとき、まずはっきりとさせておくべきことがあります。それは銭貨を発行するにあたって、当時の為政者が、銭貨の持つ政治的役割と経済的役割とを、明確に認識していたに違いないということです。

一　古代における銭貨の役割

富本銭《ふほんせん》や和同開珎《わどうかいちん》が発行されようとしていた七世紀末から八世紀はじめの頃は、日本の古代国家が完成する時期にあたっていました。中国や他の東アジアの諸国に負けない強力な中央集権国家を築きあげるために、さまざまな政策が実施されました。律令の編纂と施行、都城の建設、大規模な宮殿や仏教寺院の建立などは、そうした目的にそった大規模な国家建設の過程を示すものにほかなりません。

整備された法律の体系、壮大な寺院や宮殿、それを取り囲む都城の施設などは、出現しつつある新しい国の形を具体的に人々に示す役割も持っていました。そして、古代の銭貨もまた、新しい国の出現を示す小さいけれども大きな力をもつものでした。

宮殿や都城はそれを目の当たりにしなければ、その壮大さを実感できないのに対して、銭貨は各地に住む多くの人々の手に渡り、その手のひらの中できらきらと輝く存在でした。人々はその輝きの中に、新しい国家の出現を体感することができたのです。銭貨は単なる流通経済のメディアとしての役割だけでなく、国家の存在を多くの人々に実感させる、小さいけれども重要な国家的威信財でもあったのです。都から遠く離れた所に住んでいる人にとっても、新しい国の動きを知ることのできるものとして、古代の銭貨は、ある意味で手のひらの中の国家とでも言える存在だったのです。

そのような重要な政治的効果をもつものであったからこそ、律令政府は富本銭や和同開珎の流通を促進しようとしました。多くの人々の間に流通してはじめて、銭貨の国家的威信財としての役割も発揮できるからです。しかし、ここに古代の銭貨のもつ問題点がありました。つまり、どのように多くの人々に銭貨をいき渡らせるかということについて、政策的な限界があったのです。

人々に銭貨を流通させようとする試みとして発布された有名な蓄銭叙位令（七一一年）の二年後に出された詔《みことのり》に、この点がよく示されています。時の元明《げんめい》天皇（七〇七〜七一五年在位）は都から遠く離れた多くの諸国の民が、納税や傭役《ようえき》のため都に往還する際に、糧食に難渋することを憂い、その解決策として国を出るときに一嚢《ひとふくろ》(一袋)の銭貨を持たせ、それによって糧食を購入する費用にあてることを命じました。これは銭貨の流通を促進し、納税にかかわる民の労苦を救おうとする一石二鳥の考えに見えますが、大変な落とし穴がそこにはあったのです。

まず、どうやって諸国を出発するときに人々は一嚢の銭貨を手に入れたらよいのでしょう。税金を払うこと自体が大変な負担であるうえに、銭貨をどうやって調達するのか。もしそれが可能なら、米を運んだり、傭役に赴く代わりに銭貨で納めればよいはずです。しかし詔はそんなことには全くふれず、とにかく一嚢の銭をそれぞれの民が用意できるという前提から出発しているのです。これは当時の銭貨の流通状況を全く考慮に入れていない考えといわねばなりません。

次に問題なのは、納税に赴く諸国の民が用意できるほど、十分な銭貨が当時の日本国内に存在していたのか、という点です。これは古代の銭貨の流通量が十分にあったのかどうかという問題です。和同開珎が発行されたあと、次々といわゆる皇朝十二銭と呼ばれる一二種類の銭貨が発行されました。しかし、多くの場合、新しく発行される銭貨は、それ以前に流通していた銭貨の一〇倍の価値をもつものとされました。これでは人々は安心して銭貨を使ったり、財産として蓄えることに不安をもってしまうでしょう。どうしてこのような発行の仕方をしたかと言うと、新しく発行する銭貨の量が不足し、価格を吊り上げることによって発行量の不足を補おうとしたからです。ですから、実際には古代において銭貨が十分な量で流通していたとは考えられないのです。

日本古代の銭貨は、金属貨幣が全く存在していなかったところに、新たに国家が政治的に銭貨を発行し、強制的に通用させようとしたものでした。そのためには、銭貨が経済的な取引や、財産形成に際して、安定した信用あるものと認められなければなりません。また政府はそのような状態が形成されやすいように、十分な量の銭貨を市場に供給したり、銭貨の価格形成が安定するような、さまざまな政策を実施する必要があるのです。これには、貨幣を用いた経済の実態についての多くの知識や経験を必要としたはずです。

唐に留学し、最新の学問や政治の知識を修めてきた留学生たちも、古代中国の貨幣経済の実態にまでは、知識が及ばなかったのではないでしょうか。もちろん、唐をはじめとする東アジアの先進諸国の多くが、銭貨を発行していることは承知していたでしょうが、それを国家の威信を高めるアクセサリーではなく、生きた経済のメディアとして社会の中で機能させていくためには、知識と経験が不足していたと言うべきでしょう。日本古代の銭貨が、新しい国家の形成を象徴する国家的威信財としての機能は発揮できたものの、本来の貨幣としての機能を十分に発揮できずに終わったのも、このあたりに原因があったと考えられます。

二　貨幣代わりに米と布が復活

古代の銭貨は九五八年（天徳二）に発行された乾元大宝《けんげんたいほう》を最後として、銭貨の発行は江戸時代の寛永通宝《かんえいつうほう》（寛永一三年、一六三六）まで行なわれませんでした。建武《けんむ》の中興を行なった後醍醐《ごだいご》天皇が建武元年（一三三四）に乾坤《けんこん》通宝という銭貨と紙幣を発行しようとしますが、これは計画のみに終わりました。しかし中世に銭貨が全く使われなかったかというとそうではなく、一三世紀頃より中国から輸入した北宋銭《ほくそうせん》や南宋銭が大量に使われるようになります。したがって、一〇世紀の中頃から一二世紀ぐらいにかけての約一五〇年間ほどは、日本では銭貨が使われなかった時期があったのです。

では、その間、日本の貨幣経済は停滞していたのでしょうか。銭貨に代わって人々が貨幣として使用したのは米や布でした。これらは銭貨と並んで古代においても貨幣としての役割を一部果たしていましたが、それが全面的に復活したのです。これらは平安貨幣とも呼ばれています。歴史家の中には、古代の銭貨が姿を消したことから、経済活動の停滞が起こったのではないかと考える人もいますが、そうではありません。

物々交換においても、当事者同士の間で、交換しようとする財貨同士の交換価値が納得できれば良いわけで、そのときの価値の基準を銭貨のような金属貨幣が必ず媒介しなければならないものではありません。たとえば、魚と野菜を取引するとき、それぞれが米一升の価格で相互に納得できれば、交換は成り立つのです。多くの財貨の価値を比較できる基準になるような物品があれば、必ずしも銭貨の形をしていなくても、交換経済は成り立つのです。ここが今日と近代以前との貨幣使用の異なる点なのです。

三　政治の動きと貨幣の動き

中世になって輸入された中国銭は、中国との交易の過程で、商人たちが独自の考えで使用していったものです。国家の権力とは別個に、地域の交易や商品のやり取りに中国銭が自主的に使われはじめたのです。ですから、中世の銭貨は、古代のように国家権力の影響に支配されず、自由な商業取引の必要から使われはじめたと言えます。そして中国銭の使用は、やがて米や布といったそれまでに貨幣として使われてきた財に代わって、貨幣としての地位を一三世紀の半ばには確立していきます。これはこの時点で、日本における全国的な銭貨流通が成立したことを意味しており、これ以後近世に至るまでの約三〇〇年以上にわたって、銭貨は唯一の金属貨幣として、中世経済において重要な役割を果たしていくことになるのです。

古代においては国家権力のもとに銭貨が発行されましたが、肝心の流通過程でうまく機能することができませんでした。中世においては大量の中国銭が輸入され、多くの人々が銭貨を用い、経済の中心的役割を銭貨が果たしていました。しかし、政治権力は銭貨の流通を規制することがほとんどできませんでした。このような対照的な二つの時代における貨幣のあり方から、われわれは貨幣をめぐる経済と政治の関係を歴史的にどのように考えればよいのでしょうか。

まず古代における銭貨は、適切な流通のための政策を国家がとることができなかったことに問題がありました。政治権力自体の強さや集中力という点では、中世よりも強力ではなかったかと思われる古代において、銭貨の流通を国家的規模で規制できなかったことの原因は、十分な発行量を確保するための銅地金の確保が難しかったり、交換や交易、商業的な活動に対する銭貨の性質を十分に理解できなかったからだと思われます。貨幣と経済の動きに対して、実効性のある政策を発動できなかったことが、全体としての銭貨流通を停滞させたのでしょう。

これに対して、中世の銭貨経済は、日本の津々浦々にまで浸透していましたし、戦場に赴く武士でさえ、国許に銭貨の調達をこまごまと指示しなくてはならない時代だったのです。ところがその銭貨の動きの実態を掌握していたのは、馬借《ばしやく》、土倉《どそう》（中世に発達した金融機関）、寺社といった武士以外の人々で、政治権力と経済、貨幣の動きは独立していたのです。

このような政治と経済の分離は、やがて戦国時代を経て徳川幕府に至る間に、次第に政治が経済を、つまり権力が貨幣を取りこもうとしていきます。中世末に戦国大名などによって発令された撰銭令《えりぜにれい》や、徳川幕府の金・銀・銅貨による三貨体制はその始まりと言えるのですが、江戸時代の幕府権力が貨幣の動きを完全に掌握できたわけではありませんでした。それは幕末から明治維新にかけての金銀貨をめぐる動きからも理解できます。

そしてさらに、厳格な通貨管理が行なわれている今日においても、円ドル為替レートの乱高下が国際的な政治課題となっていることからわかるように、政治の動きと貨幣の動きのあいだには、いまだに解決のつかない多くの問題が存在しているのです。

古戦場の考古学——最近のアメリカ歴史考古学の新しい試み

一　リトルビッグホーン・バトルフィールド

数年前の夏、長い間の念願がかなって、私たち夫婦と、アメリカンスタディーズ、言語人類学をそれぞれ専門としている息子夫婦の四人は、アメリカ合衆国モンタナ州東南部にあるリトルビッグホーン・バトルフィールド・ナショナル・モニュメントを訪れた。ここは、十数年前までは、カスター・バトルフィールド・ナショナル・モニュメントと呼ばれていた。それは、ここで一八七六年六月二五日に、ジョージ・アームストロング・カスター中佐が率いる、合衆国陸軍第七騎兵隊の一個大隊二一〇名の将兵が、スー、シャイアン、アラパホなど平原インディアンの連合によって殲滅された古戦場だからである。このことはアメリカ人なら誰でも知っている有名な事件だが、ここ一〇年ほどの間に、この遺跡で極めて注目すべき一連の歴史考古学的調査が行なわれた。その実際について、現地を訪れてさらに詳しく知ろうというのが今回のわれわれの目的であった。

カスター中佐は南北戦争で二五回以上の戦闘を南軍と行ない、一度も敗れなかったという武勲の誉れ高い軍人で、いわゆる北軍のエースとして、一時的にではあるが将軍を名乗ることを許された国民的英雄だった。そのカスター中佐が率いる第七騎兵隊の一部が殲滅され、しかも司令官のカスター自身も戦死するという出来事は、当時のアメリカ人たちにとって、衝撃的な事件だった。カスター中佐の残りの部隊は、多数のインディアンに包囲され、救援に向かうことができず、二日後に増援部隊の到着を待って、ようやく戦死者全員の確認と仮埋葬が行なわれた。カスター中佐の遺体は後にウエストポイントの陸軍士官学校に再埋葬された。

大隊全員が戦死したため、戦闘がどのように進行し、いかなる形で終息したのかは、戦場に散在する遺体の位置から想像するほかはなかった。これによって、個々の将兵の倒れた場所が、小型の大理石の石柱で地上に示されている、アメリカで唯一の古戦場となったのである。そして、カスター中佐の遺体と共に多数の将兵が集まった形で戦死していたとされる小高い岡の頂上付近が、いつしかカスター中佐最期の場所、ラスト・スタンド・ヒルと呼ばれるようになった。そこはテキサスのアラモ砦と同じように、カスター中佐と第七騎兵隊の悲劇的だが西部開拓史上の尊い犠牲をたたえるモニュメントと考えられるようになり、その情景が多数の絵画に描かれた。いわゆるラスト・スタンド神話、カスター神

図1　リトルビッグホーン・バトルフィールド

話の始まりである。さらに映画が製作されるようになると、金髪をなびかせた長身のカスター中佐が、群がり寄せるインディアンに対し、星条旗のもとにすっくと立って、左手に拳銃、右手にサーベルを振りかざすシーンが、喝采を浴びた。

しかし、このカスター神話は遺体を収容した陸軍の記録、カスターの部隊で生き残った将兵からの間接的な証言などによって、かなり恣意的に作り上げられたものであった。より正確な戦闘に関する証拠としては、当時戦闘に参加し、実際に多くのことを目撃していた生き残りの平原インディアンの製作した絵画や聞き取り資料があったにもかかわらず、これらの多くは無視された。そして最近の数十年に至るまで、このカスター神話は生きつづけてきたのであった。

二　カスター神話の訂正と歴史考古学的調査

一九八三年の秋に、まだカスター・バトルフィールドと呼ばれていたこの遺跡一帯に野火が発生し、戦闘が行なわれてから約一世紀近くの間、伸び放題になっていたセイジブラシや野草が焼き払われ、遺跡の表面が観察しやすい状況が生まれた。この機会に、遺跡の監督官をしていたジェームス・コートは、カナダのカルガリー大学の大学院生リチャード・フォックスに、遺跡を詳しく調査する可能性について打診した。これを受けて、フォックスは約一〇日間の踏査を行ない、組織的な考古学調査を行なえば、カスターの戦闘経過についての新しい手がかりが得られることを確信した。

かくして、一九八四年に予備的な調査が、一九八五年にはより規模を遺跡全面に拡大した本格的調査が行なわれた。調査の方法は、遺跡全体を方形のグリッドで区画し、それぞれについて、金属探知機を用いて、戦闘で消費された武器、弾丸、薬莢《やっきょう》、軍服の金属製装飾品、馬具などの、戦争関連の遺物を探知して採集することと、大理石の石柱の周囲をいくつか発掘して、遺骨の断片や遺物を確認することに主眼がおかれた。

金属探知機を持った調査員が一列に等間隔に並び、地面をスキャンする。そして反応のあった場所に小さな旗を立てる。そうすると、その後に続く調査員がその旗の周辺を発掘し、いかなる金属片が存在するかを確認する。そして、それが戦闘関連の遺物であると判断されれば、その位置をコンピューター上に記録し、記憶させる。このような方法をくりかえし、約四キロ四方以上の範囲から、おびただしい薬莢、弾丸などとともに、兵士やインディアンたちが用いていた鏃、ナイフ、装身具、馬具などが発見された。

採集された弾丸と薬莢には、大きく二種類のものがあった。一つは当時の騎兵隊の正式銃であった、単発のスプリングフィールド・カービン（騎銃）とコルト回転式拳銃に由来するものと、当時の最新式であったウィンチェスター、ヘンリーなどの連発銃を含む多種多様な銃器のものとがあった。そして前者は騎兵隊の、後者はインディアンの武器と考えられた。さらにこれらの二種の弾丸と薬莢の分布を検討することから、騎兵隊とインディアンの布陣の状況が復元された。

薬莢は弾丸が発射された後は、その場に遺棄され、以後ほとんど移動しない。したがって騎兵隊の薬莢が集中している所は、騎兵隊の陣地を示すと考えられ、反対にインディアンの薬莢の集中している所は、インディアンの戦士が集中していた所と考えられる。反対に、インディアンの弾丸が集中して発見される場所は、騎兵隊の陣地と判断することができる。

このような方法で騎兵隊とインディアンの布陣を考古学的なデータによって確実なものとした後で、フォックスはきわめて興味ある分析を行なった。それは薬莢にのこる発射時の撃針の痕跡を調べ、戦場内における兵士の移動を復元するものである。薬莢にはその銃固有の撃針の跡がつくが、同一の痕跡を持つ薬莢の分布を求めることから、戦場内の兵士の移動、戦局の推移を復元するのである。このような方法は犯罪捜査の手法を応用するものだが、この事実と平原インディアンからの聞き取り資料などとを対比させつつ、フォックスはリトルビッグホーンにおける戦闘の詳細を復元し、最後の戦闘はラスト・スタンド・ヒルではなく、その前面に広がる深い枯れ谷だったと考えた。

三　アメリカ史の修正と歴史考古学の役割

フォックスたちが行なった大掛かりな調査は、単に戦史研究上の誤りを正すといった程度のものではなかった。それは、この調査が行なわれた七年後の一九九一年に、この史跡は連邦議会の審議を経て、カスター・バトルフィールド・ナショナル・モニュメントから、リトルビッグホーン・バトルフィールド・ナショナル・モニュメントと改名されたからである。そしてその史跡を説明する文言には、一八七六年にこの地において、多数のネイティヴアメリカンの連合が、自らのホームランドと文化を守るため、アメリカ陸軍と戦闘を交えた場所であると記されたのである。

つまり、この史跡の名称の変更は、白人の軍人たちの戦死した場所を記念することから、自分たちの先祖伝来の土地を白人の侵入から守るために戦ったネイティヴアメリカンたちの行為を記念するものへと転換したことを意味している。これはアメリカ西部開拓史の大きな修正と言わねばならない。そして、その修正の基礎になる事実を提供していたのが、フォックスらによる一連の歴史考古学的調査だったのである。カスター神話からの離脱は、新しい遺跡の意味づけにとって、必須の要件だったのである。

アメリカの歴史は多くのマイノリティーによって築かれてきた。そもそも清教徒たちがこの大陸に到着したときは、彼等こそがマイノリティーであった。やがてその位置はアフリカからの黒人、ヨーロッパ各地からの移民、ネイティヴアメリカン、日本人、中国人など次々に置き換わっていった。しかしアメリカ近・現代の歴史は、公式的には白人の歴史が中心であり、これらマイノリティーたちの歴史は背後に押しやられてきた。それを明らかにするには、文献記録のみからでは不十分で、考古学、民族誌、口頭伝承など、さまざまな資料を総合することが必要である。新しいアメリカ史の構築に、考古学は南部のプランテーションにおける黒人奴隷の遺跡の調査や、西部における鉄道建設に従事した中国人苦力の居住地の調査などを通じて貢献しようとしている。ここでは、歴史考古学は、文字資料をほとんど持たないマイノリティーたちの歴史を復元する新しい歴史学の構築に、なくてはならないものとなっているのである。

歴史考古学の発達と考古学の未来

一　日・米・欧に見る先史考古学と歴史考古学

近年、日・米・欧いずれの地域においても、歴史考古学の躍進がめざましい。古典考古学として早くから確立をみていたヨーロッパ歴史考古学を他の地域と同列におくのはいかがなものかという意見があるのはもっともだが、ここでは古典考古学がほとんど着目しなかった中世以降の考古学（これを近・現代考古学と呼ぼうと思う）についてみれば、あながち誤った指摘とはいえないだろう。たとえば、イギリスのヨーク市の中心部で行なわれた再開発によって調査され、その成果が都市の中心部の地下に、博物館として保存されることになった、中世デーン人の町であるヨービックの例を見れば、明らかである。

しかし、それぞれの地域において、歴史考古学がどのような位置づけを与えられているかを見ると、かなり異なった状況があることがわかる。そしてその原因には、それぞれの地域がどのような近・現代を迎えたのかという、それぞれの歴史展開のあり様が如実に反映されているといえる。

この三地域の中では、北米の歴史考古学が最も特異な性格を示しており、ヨーロッパ考古学の移植の中で近代考古学を発達させて来た日本は、その本質においてヨーロッパ歴史考古学の流れの中にあるといえる。日本の考古学はまず先史考古学がアメリカ人のモースにより移植されたが、歴史考古学には江戸時代以来の伝統と、浜田耕作によって紹介された古典考古学とがあった（浜田 一九三九）。そしてこの両者はそれほど違和感なく、日本の古典考古学つまり、古墳時代から奈良時代の考古学へと移行して発達し、歴史学の補助分野としての性格を強めていった。

これに対して、北米の歴史考古学は、まずそのスタートの時点からして特異であった。それは、根本的には一四九二年の北米大陸の発見というアメリカの建国の歴史そのものにある。すなわち、中世をヨーロッパで経過し、新大陸で近代を展開させていった北米の歴史においては、先史時代はおろか、コロンブスの渡米以前は完全な異文化であった。それゆえ、成立期のアメリカ考古学にとっては、先史と有史は、全く異なった歴史の所産として扱わざるをえなかったのである。

この一四九二年における新旧両大陸の文化的遭遇は、それ以後の北米において、社会・文化の隅々に至るまで、大きな差異、区分として作用することになる。たとえば一四九二年を境として、それ以後はPost-Columbian ageと呼ばれ近代が始まるのに対して、それ以前はPre-Columbian ageとして未開、先史の時代であり、ネイティヴアメリカンと呼ばれる異人種、異文化の領域となる。

学問上の区分としては、一四九二年以降のネイティヴアメリカンは人類学、民族学の扱う対象であり、歴史家の対象とはならない。一四九二年以前においては、その歴史は二分され、一方はヨーロッパの中世、古代を扱う歴史学、古典学の領域と、全くの異文化としてのネイティヴアメリカンの社会（歴史ではなく）を扱う、人類学にゆだねられてしまう。そして、それぞれの学問は、アメリカの大学においては、人文学部（歴史学・古典学）と社会科学部（人類学）という、異なった学部によりになわれることになる（Rouse 1972）。

ここでは、その当否を問題としてとりあげようとするつもりはない。ここで注目しておきたいことは、それぞれの地域における近代の歴史がいかに展開してきたかということそのものが、歴史というものの理解のみならず、歴史考古学という学問の方法や位置づけそのものに、大きくかかわっていること、そしてそれ故に考古学の学問論にとって見逃すことのできない問題が内包されていることを指摘しておけば十分である。

二　歴史考古学のparent disciplineは何か

北米の歴史考古学が学問分野として確立したのはきわめておそく、一九六〇年に行なわれたConference on Historic Sites Archaeology にはじまり、一九六七年のSociety for Historical Archaeology の設立とその機関誌"Historical Archaeology"の発行を待たねばならなかった。勿論それ以前に、アングロアメリカンの文化遺産としての植民地時代の教会、城砦、製鉄所、住宅などの歴史考古学的調査が行なわれていたが、これらの調査を行なった多くの人々は大学で考古学の専門教育を受けた人々ではなく、技師その他の市民が中心であった(Deagan 1982)。

一九六〇年以降、北米の大学に歴史考古学の専攻が設置されるようになるが、その際、これまでの北米考古学の伝統であった人類学部だけでなく、歴史学科や民俗文化研究と関連の深い部局におかれる場合もあった。このような例は、古典考古学の講座の多くが人文学部、とくに古典研究やヨーロッパ史に近い部局におかれていたことからわかるように、北米の大学では決して珍しい扱いではなかったのである。

一九六五年以降その存在を顕在化させていくアメリカ歴史考古学が、その成立当初にとりあげざるを得なかった最大の問題は、歴史考古学は歴史学なのか、人類学なのかという分野帰属の問題だった。これは俗に"crisis of identity"とか、"Historical Archaeology"の"parent discipline"は History なのか、それとも Anthropology なのかという形でとりあげられた(Deagan 1982)。この問題は、単なる学問の区分論ではなく、History なら人文学であり、人文学部に、Anthropology なら社会科学であり、経済学や社会学と同じく社会科学部に帰属するという、アメリカの大学制度とその学問編成の根幹にかかわるだけに、簡単にすまされるものではなかったのである。

現実には、北米の大学の多くで、考古学のトレーニングを行なうことができるのは先史考古学の研究室であったから、歴史考古学といえども、フィールドワークやラボテクニックを習得するには、先史考古学の研究者として教育を受けるのが一般的といえる。たとえば、日本でもよく知られた故ジェームズ・ディーツは、そのようなキャリアの中からすぐれた歴史考古学の研究を展開させた。しかし、北米歴史考古学には、その成立当初のみならず今日に至るまで、先史考古学の出身でない研究者が、すぐれた研究を行なっている場合が少なくない。

この問題は、ある意味で、今日の北米歴史考古学の中に重要な性格を付与している。それというのは、歴史考古学が扱おうとしている対象に対して、高い関心を持っているのが、先史考古学者よりも、考古学を専門としない研究者だという事実があるからである。この点は、歴史考古学の成立まもない一九六〇年代の後半にまでさかのぼる。この間の事情は、ジェームズ・ディーツ自身が、自己の研究をふり返りつつ述べた *In Small Things Forgotten* の第二版序文に尽されているといってよい（Deetz 1996）。

ディーツは、一九六九年にオハイオ州トレドで開かれた American Studies のカンファレンスの席上で、著名な民俗学者ヘンリー・グラッシーと話し合う機会があった。ディーツはグラッシーの仕事についてすでに知ってはいたが、個人的に話をするのはこれが初めてであった。ところが、グラッシーはディーツのそれまでの仕事について十分な理解と関心を持っていたのである。かくして、ディーツはこのグラッシーとの対話の中から、これまでの先史考古学者たちからは得られなかった数多くの示唆を受けるとともに、これがそれ以後におけるディーツの学問の展開を決定づけることになっていくのである。

このことは、ディーツの仕事の評価をめぐる問題としても重要である。というのは、筆者自身の北米留学当時(一九七一~七二)においても、北米先史考古学者のディーツに対する評価はそれほど高くはなく、ニュー・アーケオロジーをとなえる人々の中で、ディーツによるアリカラ・インディアンの土器の文様分析に対して、文様をパターン化して捉え、そこからアリカラ・インディアンの社会組織の変化を読み取ろうとする試みとして評価されていた程度だったからである。この論文の中でディーツがとりあげた、アリカラ・インディアンの民族誌および平原インディアンの歴史というものと考古学資料とを関連づけながら、インディアン社会のダイナミズムを追求しようとする、すぐれて歴史考古学的な着眼点に対する評価は、ほとんどきかれなかった。むしろ、歴史に書いてあることと、考古学にみられる事象とを一致させたにすぎないというような、本質を理解していないものすらあったのである。

このグラッシーとの対話以降、ディーツは、マセチューセッツ州プリマス・ファウンデーションの初期植民地村落の調査を基に、記念すべき *In Small Things Forgotten* の初版を一九七七年に著し、歴史考古学者としての地歩を確実なものとしていったのである。そして、これら非考古学系の歴史考古学者の存在によって、北米歴史考古学は、他の地域の歴史考古学にはみられない独自の特徴を持つことになるのである。

三　物質文化研究か歴史研究か

アメリカの近代史は、ネイティヴアメリカン、アフロアメリカン、ヨーロッパ移民、アジア系移民という異なったエスニックグループの交錯する〝るつぼ〟の中から誕生していった。そしてそれ故に、その歴史過程は複雑をきわめる。さらにそのうえに、ヨーロッパ系移民の展開が、北部、中西部、南部のそれぞれの地域で異なったエスニックグループによって行なわれたため、それらとネイティヴアメリカンとの関係や、アフリカから強制的につれ込まれたアフロアメリカンの存在もからみ、その歴史過程を〝史料〟に基づいて公平に追うことはきわめてむずかしい。今日までわれわれが承知しているアメリカ近代史というものは、つまるところアングロアメリカン系の植民建国史にすぎないといわれるのも、このためである。

このような〝史料〟（ここでは written document を中心に考える）の持つ限界を是正し、歴史の多面的様相を明らかにする素材として、多くの歴史研究者たちから注目されてきたのは、口承を含む民俗資料、考古学資料であったといえる。かくして、北米歴史考古学の展開は南部のプランテーション研究（Singleton 1985）や西部開拓史、さらには新しいアメリカ史の全体像の構築に向けて、きわめて有効な情報を提供できる分野として、歴史研究、経済史・社会史の研究、さらにアメリカンアイデンティティの再構築に至るまで、多くの可能性を示しはじめたのである。

このような状況は、既存の北米考古学研究の広がりをはるかにこえるものとなりつつある。もちろん、人類学的考古学と今日では呼ばれる北米先史考古学の持つ研究の幅広さは、とうてい日本の考古学の及ぶところではない。しかし、このような状況の中から、あの創立当初の北米歴史考古学が取り上げ、今日でもいまだ解決のついていない〝parent discipline〟の問題があらたな意味をもって浮上してきたといえるのではないか。その最大の理由は、歴史考古学の研究対象の中に、歴史学、社会学、都市史、経済史、民俗学といった既存の諸分野との関連のみならず、歴史的に公民権を停止させられていたさまざまな集団（disenfranchised groups）の歴史への復権や、新しいアメリカ像の創出、過去のアメリカ人たちが持っていたアメリカンアイデンティティの修正といった今日のアメリカ社会がかかえる重要かつ包括的な問題に対する新しいアプローチを可能にするものとして注目されているからである。

考古学の立場から、今後の北米歴史考古学の進むべき有力な方向は、新たなる総合的物質文化研究だとする指摘がある。これは、考古学資料もまた物質文化を基本資料とするものであり、その物質文化は考古学資料に限られたものでなく、今日の消費財を含めた広範な存在であるとする理解からすれば、当然のことといえるが、これはまた、考古学研究の方法におけるかなりの部分が物質文化研究の枠組みに吸収されることをも意味する。そのように考えると、考古学の方法というもののかなりの部分は、いかに〝モノ〟(物質文化)を扱うかという技術的性格が強くなると考えざるを得ない。さらに、その技術的方法というものは、決して考古学資料のみに有効なものではなく、より広い対象の資料に有効なものでなければならない。

何故この点にこだわるかといえば、すでに述べたように、歴史考古学が明らかにする諸成果の中には、考古学者が思いもつかないような分野の研究者にとって、きわめて有効な情報をもたらす可能性がみえて来たからである。このような時には、その分野の研究者が場合によっては歴史考古学に参入してくることも十分にありえる。しかし、その分野の人にとっては宝の山とも思える考古学資料から、有効な情報を読み出そうとしても(decode)考古学資料の扱い方をまずもって知らなければ不可能となってしまう。その操作をいちいち考古学者にゆだねるのはロスであり、また適切な情報が得られるとは限らない。したがって、この方法は、非考古学の研究者（本格的に考古学をトレーニングされていない研究者）も操作可能な内容でなければならない。

その意味では、新しい歴史考古学の性格を、二分法的に物質文化研究か歴史研究かを問うことではないだろう。むしろ、それらの問題をめぐっていかなる歴史考古学の将来像が考えられるのか、そしてそれに基づいてわれわれ自身どのような対応をとるべきなのかを考えるほうが建設的である。以下にその点に焦点を当てて、歴史考古学の将来像を展望してみたい。

四　二一世紀の歴史考古学の展望

歴史考古学の多面的な展開は、考古学研究の時間的奥行きと空間的な幅を著しく増大させた。しかしこのことは、考古学の研究法がより広い視野のもとで操作される方法体系として整備される必要のあることを教えるものともなった。それと当時に、考古学の将来が新たな〝物質文化〟の研究を指向するのみでよいのか、それとも、そこを足がかりとして幅広い歴史・社会・文化の研究へと迫りうるのかが、二一世紀の考古学の大きな方法的課題として考えられねばならない。

北米の歴史考古学の魅力は、何と言ってもモノの研究から脱し、コトの研究を指向している点である。これはマイノリティーの研究を扱うアフリカ系アメリカ人（アフロアメリカン）やネイティヴアメリカンの研究が近年の歴史考古学の中でいかに比重を高めているかを見ればわかる。たとえばディーツの *In Small Things Forgotten* の第二版における改訂部分の大部分が、アフロアメリカンの歴史考古学に費やされていたり、筆者が簡単に紹介したネイティヴアメリカンと合衆国騎兵隊とが戦闘を交えた古戦場の考古学の持つ役割などを見れば明らかである（鈴木 二〇〇〇）。

この種の研究に見られる方向性の中に、近・現代史への指向と、社会史、経済史、社会政策研究への指向の双方が認められる。そして指向の中に、モノの研究のみでは済まされない、新しい歴史考古学の方向が見て取れるのである。これはつまるところ、歴史考古学がより多くの歴史研究の分野からさまざまな成果やコンテクストを学び、発展し得る余地のあることを示している。そしてこの点を今後の歴史考古学の展開にいかに生かしていくかが重要になる。

翻って考えるに、この北米の歴史考古学の特徴は、日本の歴史考古学にとっても見逃すことのできない重要な点である。日本の歴史考古学はその発達の過程で、あまりに長く歴史研究の補完物としての存在が続きすぎた。むしろ今日では歴史考古学はそれ以外のなにものでもないとするような風潮すら感じられないわけではない。その点で、モノの研究に安住している日本考古学にとっては、北米歴史考古学の示すコトの研究の充実した状況を取り入れるのは、これからの学問にとって有効であろう。

モノの研究自体は考古学における基本として全く必要ないというわけではない。ここで問題にしたいことは、日本の歴史考古学がモノの研究だけで十分であり、コトの研究は他の分野に任せておけば良いと考えているとすれば、これこそが問題だと言うのである。歴史考古学は、他の多くの分野と交差するさまざまな問題を抱えて研究が行なわれるのであり、その際歴史考古学の側においても、それぞれの分野で考えられているコトの研究を理解すること無しには、共同研究の第一歩たる相互の分野同士での理解すら達成されないことになってしまうことを愁うのである。

再び北米考古学の立場に立って考えると、今度は日本の考古学が得意とするモノの研究をもっと積極的に導入することにより、効果的な研究内容になる場合がしばしばあるように見うけられる。たとえば、北米の歴史考古学には歴史的なコンテキストの提示が乏しいケースがある。個々の研究の中に見られる問題設定、分析のための方法に限ってみれば、興味ある内容が示される場合においても、それらがより広い歴史的な展開の中に位置づけられる研究が乏しいのである。

たとえば、カスターの古戦場に関する研究は、弾丸や薬莢のような個々の遺物の分析、それに基づく戦闘地域の推移とその復元といった極めて興味深い研究が展開される。しかし、その戦闘の背後に存在した歴史的な問題——たとえばこの戦闘の前後でネイティヴアメリカンの生活や文化がどのように変化していったのか、そしてそれが彼らの社会や文化にどのような影響を与えたのかといった視点の提示がもう少しはっきりと示されても良かったと考えられる。また、アフロアメリカンの研究にしても、この歴史考古学上のテーマと、初期移民史との関わり、奴隷制度全体との関連をどのように捉えるかといった視点の提示が乏しい憾みがある。

敢えて大胆な要約を試みるとすれば、個々の研究そのものは興味深い内容を持つものの、それがそれで完結してしまい、個々ばらばらな研究として提示されている傾向がある。これでは「歴史」考古学という題名にやや背くのではないだろうか。これらに対して、日本の歴史考古学が得意とする歴史研究の補完としての視点が付加されれば、より充実した内容となると考えるのは筆者一人ではあるまい。

かつて一九六〇年代に、北米歴史考古学界で論議された、考古学は歴史学なのか人類学なのかという問題を、一義的に決定することは有効な解決策とはいえない。むしろ日米の歴史考古学の比較という作業から見とおせる方向は、北米歴史考古学には、より歴史研究を補完するものとしての性格を強めた方が良いと思われる。これに対して日本の歴史考古学では、北米歴史考古学の中でとくに人類学にかかわる成果を示している部分——本文中の筆者の表現方法からすれば、コトを扱う歴史考古学の成果——の導入が有効になろう。それぞれの地域で独自に成長してきた歴史考古学の特色を相互に取り入れることにより、歴史考古学の未来のみならず、考古学研究の全体的枠組みへの新しい成長を促す契機となるであろう。

参考文献

浜田耕作　一九三九年『考古学研究』座右宝刊行会

鈴木公雄　二〇〇〇年「古戦場の考古学――最近のアメリカ歴史考古学の新しい試み」『史学雑誌』第一〇九編第一一号

Deetz, James　1996　*In Small Things Forgotten*, 2nd Ed. Anchor Books, Doubleday

Deagan, Cathleen　1982　Avenues of inquiry in Historical archaeology. *Advances in Archaeological Method and Theory*, Vol. 5. edited by Michael Schiffer, Academic Press

Rouse, Irving　1972　*Introduction To Prehistory*. McGraw-Hill（邦訳　鈴木公雄　一九七四『先史学の基礎理論』雄山閣出版）

Singleton, Theresa A. ed.　1985　*The Archaeology of Slavery and Plantation Life*. Academic Press

おわりに

「考古学って何だろう」という問いは、これから考古学を知ろうとする人だけでなく、すでにある程度考古学を経験した人にとっても、大切な問いかけです。しかしこれに的確に答えることは大変難しいことです。このような問題に対して、私はこれまでに考古学の入門書や「わかるシリーズ」のようなハウツー物と呼ばれる書物を書いてきました。それらはそれなりに考古学に対する基本的な疑問に答える本でしたが、私にとってはある部分で不満の残るものでした。それは、そうした本の全体の構成や筋書きは良いのですが、中にある一つ一つの章が、読み物としてのまとまりにやや欠けていて、退屈な感じや中途半端な印象を与えかねない部分があることです。

単なる考古学のマニュアルやハウツー物ではなく、一つ一つの話の内容や方向は多少異なっていても、それぞれが面白く読めて、読後の結果として考古学とはこういうものかとわかるような本があっても良いのではないかと考えるようになりました。そこで、これまで私が書いてきたものの中から、比較的肩は凝らないが、その内容はある程度考古学の基本的な問題を取り扱っていて、幅の広い読み物となるようなエッセーを中心に選び出してみました。

これらは私のこれまでの研究の蓄積の中で生まれてきたものですから、その内容をよりよく理解してもらうためには、私がこれらを書き始めた昭和四〇年代から、今日に至るまでの日本の考古学全体の流れを簡単に説明しておくのが良いように思えます。というのは、そうした大きなうねりの中で私の考え方も刺激を受け成長していったからです。

私が研究者としてスタートをした頃の日本考古学では、戦前からの主要な研究関心であった縄文時代の編年的研究の完成期に向かっていました。昭和の初期から開始された縄文土器の編年研究は、昭和の一〇年代にほぼ完成していましたが、西日本や東日本の一部の地域に未完成な部分があり、それらの補完を含めて戦後の昭和三〇年代後半にほぼ完成します。そしてその頃から、縄文文化研究の新しい目標をめぐって、縄文農耕論をはじめとする新しいさまざまなテーマが模索されようとしていました。

そうした動きの中で、私が興味を持っていたのは、素朴な形ながら、日本の考古学はこれで良いのだろうかという方法論上の疑問や、編年研究にかわる新しい視点を持った縄文時代の研究でした。

日本の考古学を新しい視点から見なおしをしていくための一つの契機として、アメリカのイェール大学人類学部に留学をしたのを機会に、新しい考古学の方向を実践するテーマとして、貝塚研究を選びました。それはこのテーマの中にこれからの考古学が目的としていくべき、遺跡の総合的研究と自然科学の諸分野との提携という重要な問題が存在していたからです。

貝塚研究は縄文土器の研究に比べ、遥かに多くの遺物や分析方法を活用しなければなりません。そしてその先には、それらの遺跡や遺物を残した多くの人々が生活した有様や、それらを考古学資料の分析から明らかにするための方法が必要とされました。私は貝塚に残された膨大な貝類と魚骨を中心にこの問題に挑戦してみました。Ⅱに収録した「貝塚の調査」と「魚骨の研究」はその方向と成果の一部を示したものです。

貝塚の研究に着手した結果、当然のこととはいえ貝塚を残した人々の生活の有様、たとえば彼らの生業の基盤や自然に存在する資源をどのように開発していったかといったことが気になるようになってきました。これは詰まるところ縄文人たちの社会や、文化の状況を大きく俯瞰しながら復元することに他なりません。そしてちょうどその頃に、このような試みを可能にするような大きな変化が日本の考古学全体に生じようとしていました。

昭和五〇年代の後半から本格化してきた戦後日本の経済発展の結果、各地に大規模な経済開発が行なわれるようになりました。高速鉄道、高速自動車道の建設に始まり、大規模団地の造成、農業近代化のための農地改良や圃場整備、用水路工事など、また電力確保と水害対策のためのダム建設といった、あらゆる工事が大規模に全国で展開し始めたのです。

国土の多くが山がちで、限られた平野部に各時代の人々が集住する日本の地形の特色からして、これらの工事現場の多くには、さまざまな時代の考古学遺跡が存在していました。これらを開発側の費用負担によって調査することができるようになると、これまでの日本考古学の学術的な調査だけからでは期待もできなかったような、大規模かつ新しい資料が続々と発見されるようになりました。そしてこれらの成果を勘案することから、縄文時代の新しい様相が次々と明らかになっていったのです。

この中で私が特に注目したのは、縄文人の植物資源の開発や漆製作技術の高度な発達でした。植物質の遺物は通常の遺跡から発見されることは少なく、戦前にすでに青森県の是川泥炭層遺跡や亀ヶ岡泥炭層遺跡などで優れた発見があったものの、ここで明らかになった事実をもって、当時の縄文人がすでに優れた植物利用の知識を身につけていたとして、縄文時代の一般的な特徴として捉えてよいものかどうか、類例の少なさから全国レベルで確認することが困難だったのです。

ところが福井県・鳥浜貝塚、滋賀県・滋賀里遺跡、埼玉県・寿能遺跡、山形県・押出遺跡など、全国各地で豊富な植物質遺物を出土する遺跡が続々と調査されるようになりました。しかもその遺跡の存在する地域が東日本から西日本まで広く展開するのみならず、縄文時代の前期から晩期に至る各時期に及んでいたのです。これは縄文人の植物利用が今から五〇〇〇年以上も前から、全国的に展開していたことを示す重要な事実といえます。

この中で私が特に注目したのは漆の技術でした。縄文時代の漆製品は、今日においても通用するだけの優れた美術工芸的品質を保持しています。しかもその製品化に関しては、素地の作成↓漆原液の採取と精製↓顔料の調整と添加↓温度・湿度を調節した塗布と乾燥といった、何段階にもわかれた複雑な製作工程――しかもそれぞれには経験的に高度な有機化学的知識の蓄積と駆使が求められる――に対する知識と経験とが必要とされるのです。

このような複雑な知識と技術体系が漆製品の製作につぎ込まれていた点は注目すべきです。特にこの技術が縄文人の生存そのものに直接にはかかわらない技術である点が重要で、これだけの知識を保持できた縄文社会の安定度は、かなりのものであったと推測できます。これは縄文時代の社会が、農耕社会とはまた異なった形の安定度が高かったことを示すものに違いないというのが当時の筆者の実感でした。「漆を使いこなした縄文人」は以上のような縄文漆の理解に基づく、縄文文化全般に対する評価といえるものです。

この列島大改造の後を受けて、昭和六〇年代以降さらに大きな変化が日本の考古学を見舞うことになります。それは、東京に端を発し、全国の主要都市に波及していったいわゆる「都心部再開発」の大きなうねりでした。これまでの開発に比べ、都心部再開発で発見される遺跡の多くは、その都市の起源になるような遺跡でした。たとえば、東京は江戸と呼ばれる近世都市を母体に発達してきた都市ですから、多数の近世遺跡、たとえば大名屋敷や神社、仏閣、墓地、町家といった、江戸時代の各種の遺跡が調査されることになりました。いうなれば近世考古学の本格的な開始となったのです。

このような動きは日本に限ったことではありません。イギリスのヨーク市の中心部からも、中世に建設されたデーン人と呼ばれるバイキングたちが建設したヨービックと呼ばれる中世都市が発見されました。これはヨーク市の起源を示すものとして、調査後、都市の中心部に地下式の博物館を作り、そこを一種のテーマパークとして公開しています。このような動きは、アメリカ合衆国のマサチューセッツ州のプリマスに復元された、一七世紀における初期移民(ピルグリム・ファーザーズ)の拠点村落の発掘と、その結果を復元した野外博物館のような形で、アメリカにも多数の類例が見られます。

このような中世以降近世にいたる新しい考古学の世界的な動向に対して、日本の考古学がどのように対応すべきであるかを述べたものがⅢのいくつかのエッセーです。日本では近世考古学に対して歴史学の影響が強く、独自の近世考古学の確立にはまだまだ時間がかかる部分もあるかと思いますが、私はこの近世考古学の発達こそが、今後の新しい考古学の性格を決めていく、重要な問題だと考えています。

その理由の一つは、考古学のイメージチェンジです。考古学という学問はその字句からして「古い時代のことを調べる学問」という意味合いが自然に感じられてしまいます。考古学？　ああ古い時代のことを調べるのね、という決まり文句がそれです。しかし、近世の考古学が盛んになってくるにつれ、考古学はわれわれのお爺さんやお婆さんの生きていた時代のことも調べる学問として考えられるようになってきました。それとともに、その扱う内容もこれまでの考古学とは大きく異なったものになってきたのです。

この本の巻頭に納めたエッセー「考古学はどんな学問か」の中に、防衛食と呼ばれる第二次世界大戦中の陶器で作られた缶詰の代用品が出てきます。これはほんの約一〇〇年にもならない近い過去の遺物です。しかしそれは、われわれが戦争というものの惨めさをつぶさに味わってきた証拠の品といえるものです。私たちはこの防衛食の容器を見る度に、このようなものが再び使われないようにという思いを強くするのです。

近世考古学の展開によって、われわれはⅢに示した「古戦場の考古学」にみられるような、今日の現代社会に横たわる諸問題と対話する考古学を新しく作り上げていく必要に迫られることになります。そしてそれは今日におけるわれわれにとっての指針を与えたり、さまざまな反省を迫る材料を提供する学問として、今後重要な役割を担っていくことになるでしょう。

〔付　記〕

本書の出版に当り、慶應義塾大学の安藤広道先生と東京大学出版会の高木宏氏に、大変お世話になりました。

本の完成を心にかけつつ、刊行を見ることなく昨秋逝きました鈴木に代り、お二人に篤く御礼申上げます。

二〇〇五年六月

鈴木登美子

初出一覧

I

「考古学とはどんな学問か——その現状と未来」『別冊歴史読本　再現！古代人の知恵と生活』（新人物往来社、一九八四年）

「無文字史学と文字史学」『三色旗』第三〇一号（慶應義塾大学通信教育部、一九七三年）

「今日の日本と旧石器捏造問題」書き下ろし

II

「貝塚の調査」『自然科学と博物館』第四六巻第四号（科学博物館後援会、一九七九年）

「魚骨の研究」『考古学ジャーナル』第二二七号（ニュー・サイエンス社、一九八四年）

「縄文人の食べ物」埴原和郎編『縄文人の知恵』〈小学館創造選書74〉（小学館、一九八五年）

「よみがえる縄文の文化伝統」『歴史読本』一一月号（新人物往来社、一九八五年）

「漆を使いこなした縄文人」鈴木公雄編『縄文人の生活と文化』〈古代史復元2〉（講談社、一九八八年）

「縄文工人の世界〈上〉」『本』一九八一年七月号（講談社、一九八一年）

「縄文人と数」埴原和郎編『縄文人の知恵』〈小学館創造選書74〉（小学館、一九八五年）

III

「犬猫・大名・ぜに」『UP』第三一九号（東京大学出版会、一九九九年）

「六道銭に見る江戸時代の銭貨流通」大塚初重・古泉弘・坂詰秀一・鈴木公雄・寺島孝一・豊田有恒著『八百八町の考古学――シンポジウム 江戸を掘る』（山川出版社、一九九四年）

「手のひらの中の国家」『日本史がわかる。』〈アエラムック65〉（朝日新聞社、二〇〇〇年）

「古戦場の考古学――最近のアメリカ歴史考古学の新しい試み」『史学雑誌』第一〇九編第一一号（山川出版社、二〇〇〇年）

「歴史考古学の発達と考古学の未来」『史学』第七三巻第四号（三田史学会、二〇〇五年）

解説　時空を超えて考古学の面白さを究める

櫻井準也

はじめに

一般的に考古学に対するイメージといえば、古墳やピラミッド、あるいは遺跡の発掘調査であり、それらは「古代のロマン」を掻き立て、娯楽映画やアニメには遺跡や考古学者が頻繁に登場している。世間のこのような考古学イメージに対して、学問としての考古学について知りたい、学びたいとなると考古学の研究対象や研究方法、さらに地域や時代ごとの概説を掲載した入門書は数多く存在するものの、本書のように「考古学はどんな学問か」という素朴な疑問について一般読者にわかりやすく答えながら、考古学の専門家にとっても一読の価値のある書籍となると案外存在しないものである。

出版の経緯

本書は私の師匠である慶應義塾大学名誉教授、鈴木公雄による『考古学はどんな学問か』（東京大学出版会、二〇〇五年）を文庫化したものであるが、本書を出版した経緯については著者が「おわりに」に記している。それによれば、三〇年以上にわたってロングセラーとなっている『考古学入門』(東京大学出版会、一九八八年)や『考古学がわかる事典』(日本実業出版社、一九九七年)などの入門書を執筆した著者ではあるが、それらは読み物としてまとまりに欠けており、面白く読め「考古学はこういうものか」がわかる本があっても良いのではないかと考え、以前に執筆した論考の中から肩の凝らないエッセーを集めて本書が誕生したという。また、エッセーや論考が執筆された時期の日本考古学界の動向や執筆に至る経緯も説明されている。これについては著者の読者への気遣いであると解釈できるが、長い研究者人生の中で次々と異なった研究テーマに関わってきた著者にとって、あらためて自らの研究者人生を振り返る機会となったと思われる。

本書の特徴

本書は、「I考古学はどんな学問か」、「II縄文文化を復元する」、「III歴史考古学の広がり」の三部で構成されている。このうち、I部では考古学がどのような学問であるのか、主に一般読者に向けてわかりやすく解説され、II部では著者が長年にわたる縄文時代研究で実践してきた研究の成果が示され、III部では歴史考古学という著者が一九八〇年代以降に取り組んだ研究分野に関する論考が掲載されている。

本書に登場する考古資料は貝塚や縄文土器を除けば誰もが知っているものではなく、魚骨、糞石、縄文漆、犬猫の墓、大名墓、出土銭貨、古戦場、防衛食容器などであるが、こうした一見地味な素材を研究対象として生かすには、資料のもっている潜在的価値を見極める能力が必要である。その意味で、著者は特定の時代や資料にこだわることなく、通常の研究者ならば見逃しがちな資料の「面白さ」に気づく才能に恵まれていたといえよう。同世代で同様の才能に溢れていた考古学者として佐原真氏がいるが、お二人とも鬼籍に入ってしまわれた。

また、著者が考古学の理論や方法論を実際の資料に適用することを常に心がけていた点も見逃せない（著者は理論のみに終始する研究を嫌っていた）。例えば、アメリカにそのルーツを持つ考古学独特の分析手法であり、考古資料（モノ）の出現から消滅までの推移（流行現象）について検討できるセリエーションという分析手法がある。著者は縄文時代の貝塚研究においてセリエーションを用いた分析を試み、その後まったく時代も素材も異なる出土銭貨（六道銭や備蓄銭）に応用して大きな研究成果をあげている（ちなみに、私はこの研究の初期の段階で著者に呼ばれ、自らトレースした六道銭のセリエーション図を見せられたが、その時の著者の満足そうな顔が今も忘れられない）。

従来の考古学に対する新たな挑戦という点では、考古学にとって極めて重要な概念である型式について解説するにあたって著者はミッキーマウスを登場させ（「型式・様式」『縄文土器大成4　晩期』講談社、一九八二年）、これによって型式の考え方をわかりやすく説明することに成功したが、当時のお堅い先生方にとっては衝撃的な出来事であったようである。

考古学を学ぶ

次に、本書に掲載されている論考の一部について解説してみたい。まず、I部の「考古学はどんな学問か――その現状と未来」はタイトルがそのまま本書の書名に使用されているが、この文章は、『別冊歴史読本』（特集「再現！古代人の知恵と生活」）の総論として執筆されたものである。最初の章である「考古学の考え方」では考古学という学問について一般読者向けに女子大のトイレの話や火災保険会社に就職した教え子から聞いた話などの逸話を交えながら、考古学が過去の人類の残した物的証拠から過去の人類の行為を復元する学問であり、警察の犯罪捜査に似ていると説明している。それ以降、物的証拠としての考古資料、考古学が扱う時空の広がり、さらには環境破壊やナショナリズムと考古学の関係にまで踏み込んで考古学の特徴がわかりやすく説明されている（なかでも著者のお気に入りは、半世紀ほど前の資料でありながら自身もその存在をまったく知らなかった戦時中の「防衛食の容器」であった）。このように、本論考は短いながらも充実した考古学入門のエッセーとなっている。

なお、I部には「今日の日本と旧石器捏造問題」が含まれるが、これは本書のなかで唯一、書下ろしの論考である。日本中を騒がせた旧石器捏造事件（前期・中期旧石器時代遺跡捏造事件）は二〇〇〇年一一月に発覚したが、この文章が執筆された時期は日本考古学協会による検証報告書が二〇〇三年に刊行され、学界内でこの問題が「一件落着となったかにみられる」時期であり、そのことに危機感を抱いて執筆されたものである。

縄文文化研究の新視点

Ⅱ部の「縄文文化を復元する」の中の貝塚や魚骨に関する調査研究は、一九七〇年代末から八〇年代前半にかけて著者が取り組んだ研究テーマである。「貝塚の調査」では、食料資源や当時の自然環境など貝塚から得られる様々な情報について解説し、「魚骨の研究」では貝塚から微小魚骨が出土する謎から当時想定されていなかった魚醤の存在を指摘するなど、自然遺物研究の有効性を説いている。さらに、「縄文人の食べ物」では、当時海外で話題となっていた狩猟採集民（アフリカのクン族やオーストラリアのアボリジニ）の食生活の実態を摂取カロリーやタンパク量から検討した研究事例を紹介したうえで、縄文人の食料事情について栄養学的見地から検討するという新たな研究領域を開拓している。同様に「よみがえる縄文の伝統文化」や「漆を使いこなした縄文人」においては縄文漆に注目し、新たに技術的観点から漆生産の複雑さやその水準の高さを再評価している。

これに対し、著者の資料の観察力やセンスの良さが光っているのが「縄文工人の世界」や「縄文人と数」である。これらは著者の長年にわたる縄文土器研究から生まれたものであり、文様施文における失敗作、その際の工人の誤魔化し方といった縄文土器を製作する工人の慌てた表情が頭に浮かぶ興味深い研究である。その後縄文人の数の意識の問題へと議論を発展させているが、これをアイヌや古代日本人の特定数や日本人の奇数好みの問題にまで話を広げていくあたりが、いかにも著者らしい展開である。

歴史考古学への思い

Ⅲ部の「歴史考古学の広がり」では、戦前から存在した歴史考古学が一九六〇年代頃から中世、さらには近世へと徐々にその範囲を広げていくなかで、一九八〇年代から著者が都内の発掘調査で関わるようになった近世考古学の研究成果が紹介されている。なかでも出土銭貨（六道銭や備蓄銭）の研究は、セリエーションによる分析結果に文献史料を加えることによって銭貨の流通やその背景にある徳川幕府の経済政策に迫ったもので、考古学と近世史や経済史を繋ぐ画期的な研究成果となっている（著者は晩年にこの研究が自らの研究者人生の中で最も満足のいく成果が得られた研究であったと語っていた）。

「古戦場の考古学――最近のアメリカ歴史考古学の新しい試み」は、毎年のように車でアメリカ国内を家族旅行していた著者が、歴史考古学の存在意義を考えるうえで極めて重要な調査事例であると感じたモンタナ州リトルビッグホーン・バトルフィールドについて紹介したものである。西南戦争関連の遺跡など近年、わが国でも古戦場の発掘調査が実施されるようになってきたが、この遺跡では金属探知機を使用した銃の薬莢の分布調査などによって、ネイティブアメリカンに対して勇敢に戦ったというカスター将軍神話が否定されている。その結果、この地は著名な白人の軍人が勇敢に戦って戦死した史跡からネイティブアメリカンが自分たちの土地を守るために戦った史跡へと変更されたのである。

こうした歴史考古学の歴史や位置づけについては、「歴史考古学の発達と考古学の未来」において詳しく説明されている。そこでは著者が敬愛していたジェームズ・ディーツ（著者は「ディーツ先生」と呼んでいた）が非考古学系の歴史考古学者でありながら北米の歴史考古学を主導したことを重要視している。北米の歴史考古学は歴史学、社会学、都市史、経済史、民俗学といった関連分野と繋がっているだけでなく、現代アメリカがかかえる様々な問題に対する新たなアプローチの方法として注目されている。その結果、モノ研究に習熟している従来の考古学者ではなく、非考古学系の学者の参入が想定されるが、歴史考古学の分野で多くの研究成果をあげたジェームズ・ディーツはその象徴的存在ということになる。著者は北米の歴史考古学の魅力について、「歴史学から多くを学び、「モノの研究から脱し、コトの研究を指向している」ことをあげている。そしてわが国の歴史考古学にも北米の歴史考古学と同様の変革を迫っているが、著者が次に本格的に足を踏み入れようと考えていた研究分野こそ近現代の歴史考古学であった。

おわりに

二〇〇四年に六六歳で著者が逝去されたことは誠に残念であるが、闘病生活のなかで従来の入門書とは異なる方向で自らの研究を一冊にまとめた本書は、一般読者に対して考古学の面白さをわかりやすく伝える読み物であり、考古学の専門家にとっても興味深い研究成果やユニークな研究視点を学ぶことができる書籍となっている。「理論と実践の考古学者」である鈴木公雄は、その卓越した分析力で多くの研究成果を残してきた。そして、それを成し遂げた背景として考古学の理論や方法論、海外の研究動向、さらには関連分野の豊富な知識の蓄積があること、そして何よりも学問としての考古学を常に意識していたことを指摘することができる。

不肖の弟子である私は、特定の時代や分野に固執せずに考古学を楽しもうとする著者の姿から考古学の面白さや魅力を学ぶことができたが、読者も同様の体験ができたならば、本書が文庫化された目的は達成されたことになる。

増補 死者の救済史　池上良正
未練を残しこの世を去った者に、日本人はどう向き合ってきたか。民衆宗教史の視点からその宗教観・死生観を問い直す。「靖国信仰の個人性」を増補。

神話学入門　大林太良
神話研究の系譜を辿りつつ、民族・文化との関係を解明し、解釈に関する幾つもの視点、神話の分類、類話の分布などについても詳述する。（山田仁史）

アイヌ歳時記　萱野茂
アイヌ文化とはどのようなものか。その四季の暮らしをたどりながら、食文化、習俗、神話・伝承、世界観などを幅広く紹介する。（北原次郎太）

異人論　小松和彦
「異人殺し」のフォークロアの解析を通し、隠蔽され続けてきた日本文化の「闇」の領野を透視する。新しい民俗学誕生を告げる書。（中沢新一）

聴耳草紙　佐々木喜善
昔話発掘の先駆者として「日本のグリム」とも呼ばれる著者の代表作。故郷・遠野の昔話を語り口を生かして綴った一八三篇。（益田勝実／石井正己）

民間信仰　桜井徳太郎
民衆の日常生活に息づく信仰現象や怪異の正体とは？　柳田門下最後の民俗学者が、日本人の暮らしの奥に潜むものを生き生きと活写。（岩本通弥）

差別語からはいる言語学入門　田中克彦
サベツと呼ばれる現象をきっかけに、ことばというものの本質をするどく追究。誰もが生きやすい社会を構築するための、言語学入門！（礫川全次）

汚穢と禁忌　メアリ・ダグラス　塚本利明訳
穢れや不浄を通し、秩序や無秩序、存在と非存在、生と死などの構造を解明。その文化のもつ体系的宇宙観に丹念に迫る古典的名著。（中沢新一）

宗教以前　高取正男　橋本峰雄
日本人の魂の救済はいかにして実現されうるのか。民俗の古層を訪ね、今日的な宗教のあり方を指し示す、幻の名著。（阿満利麿）

日本伝説集　高木敏雄

全国から集められた伝説より二五〇篇を精選。民話のほぼ全ての形式と種類を備えた決定版。日本人の原風景がここにある。（香月洋一郎）

人身御供論　高木敏雄

人身供犠は、史実として日本に存在したのか。民俗学草創期に先駆的業績を残した著者の、表題作他全13篇を収録した比較神話・伝説論集。（山田仁史）

儀礼の過程　ヴィクター・W・ターナー　冨倉光雄訳

社会集団内で宗教儀礼が果たす意味と機能を明らかにし、コムニタスという概念で歴史・社会・文化の諸現象の理解を試みた人類学の名著。（福島真人）

日本の神話　筑紫申真

八百万の神はもとは一つだった⁉　天皇家統治のために創り上げられた記紀神話を、元の地方神話に解体すると、本当の神の姿が見えてくる。（金沢英之）

河童の日本史　中村禎里

ぬめり、水かき、悪戯にキュウリ。異色の生物学者が、時代ごと地域ごとの民間伝承や古典文献を精査。〈実証分析的〉妖怪学。（小松和彦）

初版　金枝篇（上）　J・G・フレイザー　吉川信訳

人類の多様な宗教的想像力が生み出した多様な事例を収集し、その普遍的説明を試みた社会人類学最大の古典。膨大な註を含む初版の本邦初訳。

初版　金枝篇（下）　J・G・フレイザー　吉川信訳

なぜ祭司は前任者を殺さねばならないのか？　そして、殺す前になぜ〈黄金の枝〉を折り取るのか？　事例の博捜の末、探索行は謎の核心に迫る。

火の起原の神話　J・G・フレイザー　青江舜二郎訳

人類はいかにして火を手に入れたのか。世界各地より夥しい神話や伝説を渉猟し、文明初期の人類の精神世界を探った名著。（前田耕作）

未開社会における性と抑圧　B・マリノフスキー　阿部年晴／真崎義博訳

人類における性は、内なる自然と文化的力との相互作用のドラマである。この人間存在の深淵に到るテーマを比較文化的視点から問い直した古典的名著。

ケガレの民俗誌 宮田登

被差別部落、性差別、非常民の世界など、日本民俗の深層に根づいている不浄なる観念と差別の問題を考察した先駆的名著。（赤坂憲雄）

はじめての民俗学 宮田登

現代社会に生きる人々が抱く不安や畏れ、怖さの源はどこにあるのか。民俗学の入門的知識をやさしく説きつつ、現代社会に潜むフォークロアに迫る。

南方熊楠随筆集 益田勝実編

博覧強記にして奔放不羈、稀代の天才にして孤高の自由人・南方熊楠。この猥雑なまでに豊饒な不世出の頭脳のエッセンス。（益田勝実）

奇談雑史 宮負定雄 佐藤正英／武田由紀子校訂・注

霊異、怨霊、幽明界など、さまざまな奇異な話の集大成。柳田国男は、本書より名論文「山の神とヲコゼ」を生み出す。日本民俗学、説話文学の幻の名著。

贈与論 マルセル・モース 吉田禎吾／江川純一訳

「贈与と交換こそが根源的人類社会を創出した」。人類学、宗教学、経済学ほか諸学に多大の影響を与えた不朽の名著、待望の新訳決定版。

山口昌男コレクション 山口昌男 今福龍太編

20世紀後半の思想界を疾走した著者の代表的論考をほぼ刊行編年順に収録。この独創的な人類学者＝思想家の知の世界を一冊で総覧する。（今福龍太）

身ぶりと言葉 アンドレ・ルロワ＝グーラン 荒木亨訳

先史学・社会文化人類学の泰斗の代表作。人の生物学的進化、人類学的発展、大脳の発達、言語の文化的機能を壮大なスケールで描いた大著。（松岡正剛）

世界の根源 アンドレ・ルロワ＝グーラン 蔵持不三也訳

人間の進化に迫った人類学者ルロワ＝グーラン。半生を回顧しつつ、人類学・歴史学・博物館の方向性、言語・記号論・身体技法等を縦横無尽に論じる。

日本の歴史をよみなおす（全） 網野善彦

中世日本に新しい光をあて、その真実と多彩な横顔を平明に語り、日本社会のイメージを根本から問い直す。超ロングセラーを続編と併せ文庫化。

米・百姓・天皇　網野善彦／石井進
日本とはどんな国なのか、なぜ米が日本史を解く鍵なのか、通史を書く意味は何なのか。これまでの日本史理解に根本的転回を迫る衝撃の書。（伊藤正敏）

列島の歴史を語る　網野善彦　藤沢・網野さんを囲む会編
日本は決して「一つ」ではなかった！　中世史に新次元を開いた著者が、日本の地理的・歴史的な多様性と豊かさを平明に語った講演録。（五味文彦）

列島文化再考　網野善彦／塚本学／坪井洋文／宮田登
近代国家の枠組みに縛られた歴史観をくつがえし、列島に生きた人々の真の姿を描き出す、歴史学・民俗学の幸福なコラボレーション。（新谷尚紀）

日本社会再考　網野善彦
歴史の虚像の数々を根底から覆してきた網野史学。漁業から交易まで多彩な活躍を繰り広げた海民に光をあて、知られざる日本像を鮮烈に甦らせた名著。

図説　和菓子の歴史　青木直己
饅頭、羊羹、金平糖にカステラ、その時々の外国文化の影響を受けながら多種多様に発展した和菓子。その歴史を多数の図版とともに平易に解説。

今昔東海道独案内　東篇　今井金吾
いにしえから庶民が辿ってきた幹線道路・東海道。日本人の歴史を、著者が自分の足で辿りなおした名著。東篇は日本橋より浜松まで。（今尾恵介）

物語による日本の歴史　石母田正／武者小路穣
古事記から平家物語まで代表的古典文学を通して、国生みからはじまる日本の歴史を子ども向けにやさしく語り直す。網野善彦編集の名著。（中沢新一）

増補　学校と工場　猪木武徳
経済発展に必要とされる知識と技能は、どこで、どのように修得されたのか。学校、会社、軍隊など、人的資源の形成と配分のシステムを探る日本近代史。

居酒屋の誕生　飯野亮一
寛延年間の江戸に誕生しすぐに大発展を遂げた居酒屋。しかしなぜ他の都市ではなく江戸だったのか。一次資料を丹念にひもとき、その誕生の謎にせまる。

すし 天ぷら 蕎麦 うなぎ　飯野亮一
二八蕎麦の二八とは？　握りずしの元祖は？　なぜうなぎに山椒？　膨大な一次史料を渉猟しそんな疑問を徹底解明。これを読まずに食文化は語れない！

天丼 かつ丼 牛丼 うな丼 親子丼　飯野亮一
身分制の廃止で作ることが可能になった親子丼、関東大震災が広めた牛丼等々、どんぶり物二百年の歴史をさかのぼり、驚きの誕生ドラマをひもとく！

増補 アジア主義を問いなおす　井上寿一
侵略を正当化するレトリックか、それとも真の共存共栄をめざした理想か。アジア主義を外交史的観点から再考し、その今日的意義を問う。増補決定版。

十五年戦争小史　江口圭一
満州事変、日中戦争、アジア太平洋戦争を一連の「十五年戦争」と捉え、戦争拡大に向かう曲折にみちた過程を克明に描いた画期的通史。（加藤陽子）

たべもの起源事典 日本編　岡田哲
駅蕎麦・豚カツにやや珍しい郷土料理、レトルト食品・デパート食堂まで。広義の〈和〉のたべものと食文化事象一三〇〇項目収録。小腹のすく事典！

ラーメンの誕生　岡田哲
中国のめんは、いかにして「中華風の和食めん料理」へと発達を遂げたか。外来文化を吸収する日本人の情熱と知恵。丼の中の壮大なドラマに迫る。

士（サムライ）の思想　笠谷和比古
中世に発する武家社会の展開とともに形成された日本型組織。「家（イエ）」を核にした組織特性と派生する諸問題について、日本近世史家が鋭く迫る。

わたしの城下町　木下直之
攻防の要である城は、明治以降、新たな価値を担い、日本人の心の拠り所として生き延びる。城と城のようなものを歩く著者の主著、ついに文庫に！

東京の下層社会　紀田順一郎
性急な近代化の陰で生みだされた都市の下層民。落伍者として捨て去られた彼らの実態に迫り、日本人の人間観の歪みを焙りだす。（長山靖生）

土方歳三日記（上） 菊地明編著

幕末を疾走したその生涯を、綿密な考証で明らかに。上巻は元治元年まで。新選組結成、芹沢鴨斬殺、池田屋事件……時代はいよいよ風雲急を告げる。

土方歳三日記（下） 菊地明編著

鳥羽伏見の戦に敗れ東走する新選組。近藤亡き後、敗軍の将・土方は会津、そして北海道へ。下巻は慶応元年から明治二年、函館で戦死するまでを追う。

独立自尊 北岡伸一

国家の発展に必要なものとは何か——。福沢諭吉は生涯をかけてこの課題に挑んだ。今こそ振り返るべき思想を明らかにした画期的福沢伝。（細谷雄一）

賤民とは何か 喜田貞吉

非人、河原者、乞胸、奴婢、声聞師……。差別と被差別の根源的構造を歴史的に考察する賤民研究の決定版。『賤民概説』他六篇収録。（塩見鮮一郎）

増補 絵画史料で歴史を読む 黒田日出男

歴史学は文献研究だけではない。絵巻・曼荼羅・肖像画など過去の絵画を史料として読み解き、斬新な手法で日本史を掘り下げた一冊。（三浦篤）

滞日十年（上） ジョセフ・C・グルー 石川欣一訳

日米開戦にいたるまでの激動の十年、どのような外交交渉が行われたのか。駐日アメリカ大使による貴重な記録。上巻は１９３２年から１９３９年まで。

滞日十年（下） ジョセフ・C・グルー 石川欣一訳

知日派の駐日大使グルーは日米開戦の回避に奔走。下巻は、ついに日米が戦端を開き、１９４２年、戦時交換船で帰国するまでの迫真の記録。（保阪正康）

東京裁判 幻の弁護側資料 小堀桂一郎編

我々は東京裁判の真実を知っているのか？ 準備されたものの未提出に終わった膨大な裁判資料から18篇を精選。緻密な解説とともに裁判の虚構に迫る。

一揆の原理 呉座勇一

虐げられた民衆たちの決死の抵抗として語られてきた一揆。だがそれは戦後歴史学が生んだ幻想にすぎない。これまでの通俗的理解を覆す痛快な一揆論！

甲陽軍鑑　佐藤正英校訂・訳

武田信玄と甲州武士団の思想と行動の集大成。大部から、山本勘助の物語や川中島の合戦など、その白眉を収録。新校訂の原文に現代語訳を付す。

機関銃下の首相官邸　迫水久常

二・二六事件では叛乱軍を欺いて岡田首相を救出し、終戦時には鈴木首相を支えた著者が明かす、天皇・軍部・内閣をめぐる迫真の秘話記録。（井上寿一）

増補　八月十五日の神話　佐藤卓己

ポツダム宣言を受諾した「八月十四日」や降伏文書に調印した「九月二日」でなく、「終戦」はなぜ「八月十五日」なのか。「戦後」の起点の謎を解く。

考古学と古代史のあいだ　白石太一郎

巨大古墳、倭国、卑弥呼。多くの謎につつまれた日本の古代。考古学と古代史学の交差する視点からその謎を解明するスリリングな論考。（森下章司）

江戸はこうして造られた　鈴木理生

家康江戸入り後の百年間は謎に包まれている。海岸部へ進出し、河川や自然地形をたくみに生かした都市の草創期を復原する。（野口武彦）

増補　革命的な、あまりに革命的な　絓《すが》秀実

「一九六八年の革命は「勝利」し続けている」とは何を意味するのか。ニューレフトの諸潮流を丹念に跡づけた批評家の主著、増補文庫化！（王寺賢太）

戦国の城を歩く　千田嘉博

室町時代の館から戦国の山城へ、そして信長の安土城へ。城跡を歩いて、その形の変化を読み、新しい中世の歴史像に迫る。（小島道裕）

性愛の日本中世　田中貴子

稚児を愛した僧侶、「愛法」を求めて稲荷山にもうでる貴族の姫君。中世の性愛信仰・説話を介して、日本のエロスの歴史を覗く。（川村邦光）

琉球の時代　高良倉吉

いまだ多くの謎に包まれた古琉球王国。成立の秘密や、壮大な交易ルートにより花開いた独特の文化を探り、悲劇と栄光の歴史ドラマに迫る。（与那原恵）

博徒の幕末維新　高橋敏

黒船来航の動乱期、アウトローたちが歴史の表舞台に躍り出てくる。虚実を腑分けし、稗史を歴史の中に位置付けなおした記念碑的労作。（鹿島茂）

朝鮮銀行　多田井喜生

植民地政策のもと設立された朝鮮銀行。その銀行券等の発行により、日本は内地経済破綻を防ぎつつ軍費調達ができた。隠れた実態を描く。（板谷敏彦）

近代日本とアジア　坂野潤治

近代日本外交は、脱亜論とアジア主義の対立構図により描かれてきた。そうした理解が虚像であることを精緻な史料読解で暴いた記念碑的論考。（苅部直）

増補 モスクが語るイスラム史　羽田正

モスクの変容――そこには宗教、政治、経済、美術、人々の生活をはじめ、イスラム世界の全歴史が刻み込まれている。その軌跡を色鮮やかに描き出す。

日本大空襲　原田良次

帝都防衛を担った兵士がひそかに綴った日記。各地の空爆被害、斃れゆく戦友への思い、そして国への疑念……空襲の実像を示す第一級資料。（吉田裕）

餓死《うえじに》した英霊たち　藤原彰

第二次大戦で死没した日本兵の大半は飢餓や栄養失調によるものだった。彼らのあまりに悲惨な最期を詳述し、その責任を問う告発の書。（一ノ瀬俊也）

城と隠物の戦国誌　藤木久志

村に戦争がくる！　そのとき村人たちはどのような対策をとっていたか。命と財産を守るため知恵を結集した戦国時代のサバイバル術に迫る。（千田嘉博）

裏社会の日本史　フィリップ・ポンス　安永愛訳

中世における賤民から現代社会の経済的弱者まで、また江戸の博徒や義賊から近代以降のやくざまで――フランス知識人が描いた貧困と犯罪の裏日本史。

古代の朱　松田壽男

古代の赤色顔料、丹砂。地名から産地を探ると同時に古代史が浮き彫りにされる。標題論考に、「即身佛の秘密」、自叙伝「学問と私」を併録。

横井小楠　松浦玲

欧米近代の外圧に対して、儒学的理想である仁政を基に、内外の政治的状況を考察し、政策を立案し遂行しようとした幕末最大の思想家を描いた名著。

古代の鉄と神々　真弓常忠

弥生時代の稲作にはすでに鉄が使われていた！　原型を遺さないその鉄文化の痕跡を神話・祭祀に求め、古代史の謎を解き明かす。（上垣外憲一）

増補　海洋国家日本の戦後史　宮城大蔵

戦後アジアの巨大な変貌の背後には、開発と経済成長という日本の「非政治」的な戦略があった。海域アジアの戦後史に果たした日本の軌跡をたどる。

日本の外交　添谷芳秀

憲法九条と日米安保条約に根差した戦後外交。それがもたらした国家像の決定的な分裂をどう乗り越えるか。戦後史を読みなおし、その実像と展望を示す。

世界史のなかの戦国日本　村井章介

世界史の文脈の中で日本列島を眺めてみるとそこには意外な発見が！　戦国時代の日本はそうとうにグローバルだった！（橋本雄）

増補　中世日本の内と外　村井章介

国家間の争いなんておかまいなし。中世の東アジア人は海を自由に行き交い生計を立てていた。私たちの「内と外」の認識を歴史からたどる。（榎本渉）

武家文化と同朋衆　村井康彦

足利将軍家に仕え、茶や花、香、室礼等を担ったクリエイター集団「同朋衆」。日本らしさの源流を生んだ彼らの実像をはじめて明らかにする。（橋本雄）

古代史おさらい帖　森浩一

考古学・古代史の重鎮が、「土地」「年代」「人」の基本概念を徹底的に再検証。「古代史」をめぐる諸問題の見取り図がわかる名著。

大元帥　昭和天皇　山田朗

昭和天皇は、豊富な軍事知識と非凡な戦略・戦術眼の持ち主でもあった。軍事を統帥する大元帥としての積極的な戦争指導の実像を描く。（茶谷誠一）

ちくま学芸文庫

考古《こうこ》学《がく》はどんな学問《がくもん》か

二〇二一年二月十日　第一刷発行

著　者　鈴木公雄（すずき・きみお）
発行者　喜入冬子
発行所　株式会社　筑摩書房
東京都台東区蔵前二―五―三　〒一一一―八七五五
電話番号　〇三―五六八七―二六〇一（代表）
装幀者　安野光雅
印刷所　三松堂印刷株式会社
製本所　三松堂印刷株式会社

ISBN978-4-480-51037-2 C0120